Sérgio Simka (Coordenação)
Érica Espessotte



# Comunicação de Excelência

## NÃO É UM BICHO-DE-SETE-CABEÇAS

EDITORA CIÊNCIA MODERNA

***Comunicação de excelência não é um bicho-de-sete-cabeças***


**Editor:** Paulo André P. Marques
**Produção Editorial:** Dilene Sandes Pessanha
**Capa:** Daniel Jara
**Diagramação:** Daniel Jara
**Copidesque:** Equipe Ciência Moderna



**FICHA CATALOGRÁFICA**

***SIMKA, Sérgio (Coordenação); ESPESSOTTE, Érica Soares.***

***Comunicação de excelência não é um bicho-de-sete-cabeças***

Rio de Janeiro: Editora Ciência Moderna Ltda., 2024.

1. Comunicação social
I — Título

ISBN: 978-65-5842-384-3 CDD 302.2

**Editora Ciência Moderna Ltda.**
**R. Alice Figueiredo, 46 – Riachuelo**
**Rio de Janeiro, RJ – Brasil CEP: 20.950-150**
**Tel: (21) 2201-6662/ Fax: (21) 2201-6896**
**E-MAIL: LCM@LCM.COM.BR**
**WWW.LCM.COM.BR**

**06/24**

# Agradecimentos

Primeiramente, agradeço a Deus, por me proporcionar a oportunidade de escrever este livro, como mais um capítulo da minha história de vida.

Aos meus pais, Maria Lúcia e José Lino Espessotte, que sempre me apoiaram em todas as minhas escolhas, e por toda a estrutura familiar, que fez de mim, sem dúvida, uma mulher forte, sensível e com um profundo respeito ao próximo.

Ao meu marido, Nivaldo Padovani, que, desde quando nos conhecemos, também apoia todas as minhas decisões, me aconselha com sabedoria em todos os momentos de dúvida e está sempre com as mãos estendidas para me segurar e caminhar ao meu lado.

Aos meus amigos, demais familiares, alunos, ex-alunos e clientes, que sempre confiaram no meu trabalho e vibraram com as minhas conquistas.

À Coordenadora da FGV, Doutora Ana Ligia Nunes, que, após sua avaliação em relação a minha apresentação do meu TCC em Gestão do Capital Humano, pude ter ainda mais a certeza da minha missão e do meu propósito profissional.

Aos profissionais que passaram pela minha vida e que deixaram sempre grandes contribuições.

E a todos que, de forma direta ou indireta, contribuíram para a realização deste trabalho.

# Sumário

# 1 Introdução

*"Dialogar é cruzar mundos, penetrar na intimidade, segredar experiências."*

*Augusto Cury*

Uma das competências mais relevantes dentro de qualquer área de atuação é, sem dúvida, a comunicação. Quer seja no âmbito pessoal ou profissional, esta competência permeia toda a nossa vida, em todas as circunstâncias, fazendo-nos refletir, cada dia mais, sobre a importância deste processo, afetando positivamente ou até mesmo negativamente nossas relações interpessoais e também intrapessoais.

Por meio desta competência, ideias e atitudes transformadoras ocorrem entre as pessoas, contribuindo no alcance de resultados. Por ser um dos pilares imprescindíveis dentro dos ambientes educacionais, de saúde, corporativos e demais segmentos, é que necessitamos abordar, cada vez mais, sobre como a comunicação impacta na vida dos seres humanos.

A história humana está diretamente relacionada com os processos de comunicação; independentemente da forma como é transmitida, ela precisa ter coesão, clareza, consenso, coerência, para que exista uma maior e verdadeira interação social, com experiências significativas e um aprendizado relevante para todos.

A palavra ou gesto, a página de um jornal ou livro, uma troca de mensagens nas redes sociais, a imagem da televisão, ou a voz do rádio, tudo é comunicação. A aula ministrada, o *workshop*, a reunião, o discurso, o artigo científico, enfim, não existe uma só atividade humana que não seja afetada pelo ato de comunicar.

Portanto, comunicar-se com excelência é o requisito para a criação de relações maduras e respeitosas no ambiente profissional, independentemente de qual ambiente seja, pois o indivíduo é o que transmite ao próximo, ou seja, sua comunicação vai distingui-lo das demais pessoas, não como pior ou melhor, mas na demonstração da sua personalidade, seus conhecimentos, habilidades e atitudes.

Desenvolver e aprimorar a comunicação interpessoal é uma forma de aprender a lidar com o outro e consigo, vencendo inúmeras barreiras e contribuindo na construção de uma imagem segura, transformadora e de posicionamento.

As pessoas acreditam que é apenas a "primeira impressão" a que fica. Muito pelo contrário, todas as impressões que transmitimos ficam na memória da pessoa que está recebendo a nossa mensagem, e é exatamente por isso que precisamos passar credibilidade em tudo que nos propomos a fazer, deixando uma impressão mais positiva em relação a nossa forma de comunicar.

Não é apenas sobre a forma como falamos, a postura adotada também é fundamental para uma comunicação limpa, assertiva, tanto no aspecto profissional como no pessoal, diminuindo os riscos de desentendimento e barreiras naturalmente existentes, que precisam ser mais bem observadas e extintas aos poucos dos processos diários da comunicação.

A comunicação é o processo no qual as pessoas transmitem umas às outras suas emoções, ideias, conhecimentos, sentimentos ou qualquer informação que se deseja transmitir, portanto, é preciso de, no mínimo, duas pessoas, para que possamos chamar de comunicação.

É neste momento que começamos com os contratempos em relação à troca de informações, pois o emissor da mensagem precisa transmitir com clareza, o receptor precisa compreender a forma como que chegou a mensagem e depois dar um *feedback* daquilo que foi compreendido. Ou seja, o que parece ser bem simples, torna-se uma grande dificuldade para a grande maioria das pessoas, pois a comunicação é transmitida sem preocupação; porém, é ela que fará toda a diferença nas relações entre as equipes, reuniões, negociações com clientes e até mesmo o sucesso ou insucesso dos resultados no ambiente profissional.

Portanto, caros leitores, não basta apenas falar muito, “soltar” palavras em vão, dizer o que pensa de forma impositiva, opinar sem pensar na repercussão que esta opinião pode causar, ter falas baseadas no “sincericídio”, ou acreditar que as formas de comunicação não se relacionam, muito pelo contrário, elas se conectam e são facilmente observadas pelo meio em que estamos inseridos, quer seja no presencial como no digital.

Por tudo isto, convido-os a “mergulhar” na importância de nos comunicarmos, minimamente, com respeito ao nosso próximo, demonstrando empatia, assertividade, inteligência emocional, sabedoria e educação, pois, ao mesmo tempo que é possível transformarmos as nossas relações pela comunicação, é difícil, uma vez que cada indivíduo está no seu momento de querer aprender e melhorar esta e tantas outras competências. Se quisermos realmente construir bases sólidas e gentis na nossa sociedade, é preciso melhorar como me apresento e comunico a minha imagem, para um maior êxito em todos os âmbitos da vida.

Então, venham conhecer dicas infalíveis para uma comunicação de excelência e que eu garanto: não é um bicho de sete cabeças!

# 2 A Comunicação e a Atualidade

*"A **intoxicação digital** trouxe ´eras´ doentias para dentro da mente do usuário: a era da **comparação** de um ser humano com o outro, a era da **necessidade neurótica** de poder, a era da necessidade ansiosa de **evidência social**, a era da **felicidade irreal**."*

*Augusto Cury*

Como abordado na introdução, a comunicação sempre teve e tem, cada dia mais, um impacto profundo na nossa sociedade. No entanto, não podemos nos esquecer de que a tecnologia veio como uma das formas mais transformadoras nos processos de comunicação, proporcionando visíveis mudanças e também reflexões sobre as maneiras pelas quais compartilhamos e transmitimos as informações no cenário atual.

Como tudo na vida, temos os dois lados: positivo e negativo. Com a comunicação não é diferente. A tecnologia trouxe inúmeros benefícios no modo como transmitimos a nossa mensagem, entre eles, a facilidade à informação e a velocidade com que a mensagem chega até nós, a colaboração entre equipes de inúmeras partes do mundo, podendo contribuir em negócios promissores entre profissionais de diversas áreas e com objetivos comuns. As formas como as pessoas se comunicam também facilitaram bastante as interações sociais, como reuniões em aplicativos que proporcionam trocas de projetos, apresentações extremamente estruturadas e de fácil entendimento.

Enfim, é inegável que a tecnologia trouxe e está trazendo, cada dia mais, benefícios às pessoas, principalmente na maneira como transmitimos e recebemos as informações. Em contrapartida, continuamos com muita dificuldade de nos comunicar, principalmente quando precisamos de um processo de comunicação presencial, o famoso "olho no olho", pois, quanto mais atuamos com a comunicação digital, querendo mostrar algo para quem nem nunca vimos na vida, mais nos tornamos isolados socialmente, com uma real dificuldade de interagir com pessoas próximas, que estão à nossa frente. Além dessa dificuldade, também podemos ser mal interpretados na comunicação digital, ou seja, não é porque estamos no *on-line* que podemos falar o que queremos sem pensar nos riscos, até porque uma linguagem escrita, sem nenhuma expressão não verbal associada, pode levar muito mais facilmente a mal-entendidos, facilitando conflitos e toda forma de julgamento (que é o que mais vemos atualmente nas redes sociais). Sem falar dos vícios que o digital causa, dificultando o limite do uso, proporcionando danos comprovados à saúde mental, crises de ansiedade e até mesmo depressão. Por fim, e não menos importante, os riscos de privacidade, a qual, dependendo da informação transmitida, pode ser facilmente rastreada e utilizada para fraudes e tantos outros tipos de golpe.

Com tantos avanços e transformações, é preciso, mais do que nunca, falarmos sobre comunicação e a forma que esta competência vem chegando até nós e os impactos que geram no nosso meio social. Se sabemos que o ser humano é por natureza um ser social, muitas vezes este mesmo ser pode estar perdendo a sua capacidade criativa e de pensamento crítico, para tornar-se um ser de engrenagem em uma máquina, manipulado pelas ilusões tecnológicas que ganham adeptos do mundo inteiro.

Não estamos aqui para discutir ou muito menos questionar a tecnologia, até porque é algo presente em nossas vidas, não tem mais volta e proporciona, sim, inúmeros benefícios, variedades de ferramentas de comunicação e de transmissão de informações dos mais diversos assuntos. O que precisamos avaliar é o quanto interagir pode se tornar também muito benéfico e, dependendo da situação, muito mais assertivo quando é "face a face".

Precisamos refletir: se queremos realmente melhorar a forma como queremos transmitir a nossa mensagem e também a de como precisamos compreender a mensagem que outro quer nos transmitir, é necessário rever a comunicação atual, não desistindo de uma ou de outra, somando todas as formas e utilizando a que faz mais sentido, dependendo da situação vivenciada, pois temos situações que, inevitavelmente, as expressões faciais, o tom de voz e o acolhimento da presença podem proporcionar uma comunicação muito mais segura, real e única.

Precisamos avaliar, refletir como a sociedade e os ambientes profissionais vêm lidando com a utilização de diversas tecnologias que estão à nossa disposição e para facilitar inúmeros aspectos da nossa vida cotidiana. Se não existir uma real preocupação em preparar e educar as pessoas para a utilização destas ferramentas, teremos, como já estamos verificando, impactos negativos na vida pessoal e também na dinâmica das organizações.

O Ser Humano, o único "recurso vivo" capaz de transformar todos os demais recursos em resultados, não foi devidamente preparado para enfrentar tantas inovações tecnológicas e também não foi ensinado a compreender que a tecnologia precisa ser tratada como uma "poderosa" ferramenta de auxílio nas nossas vidas, rotinas, proporcionando o melhor que ela oferece. O que é possível ver hoje é uma tecnologia que se torna uma grande ameaça, como se a máquina, os *chats* e tantos outros recursos pudessem substituir o ser humano!

É neste ponto que precisamos refletir e equilibrar nossas ações, nossos pensamentos e a maneira com que iremos lidar com tudo que chega até nós, com tanta rapidez, tanta informação ao mesmo tempo, mas, muitas vezes, sem qualidade e sem real conteúdo.

Portanto, com tanta troca de mensagens, com pessoas de todo o mundo e em torno de segundos, uma ferramenta continuará sendo básica, indispensável e insubstituível: a comunicação eficaz. As pessoas precisam ser mais bem informadas e conscientizadas sobre os benefícios tecnológicos e todas as mudanças que estas ferramentas nos geram. Saber se expressar com segurança, quebrando paradigmas e possíveis barreiras, fará toda a diferença para que a comunicação, tanto no digital como no presencial, possa proporcionar novas parcerias, novos aprendizados, novas e boas histórias para contar.

# 3 Comunicação em Detalhes

*"Todos querem o pódio, mas muitos desprezam a fadiga dos treinos."*
*Augusto Cury*

Para entendermos e melhorarmos os processos de comunicação, precisamos, primeiramente, compreender o que significa, de fato, o ato de comunicar, seus processos, tipos e estilos de comunicação.

Como tudo é comunicação, qualquer gesto, palavra, enfim, tudo quer comunicar algo, esta naturalidade do dia a dia faz com que as pessoas acreditem que se comunicam de modo coerente. Iremos aprender que comunicação é, sim, uma competência que pode ser bem utilizada por todos, mas que, infelizmente, ainda estamos longe disso e que precisamos de muito mais do que apenas falarmos o que sentimos. Precisamos entender, de uma vez por todas, que a maneira como falamos é que, verdadeiramente, trará excelência ou não na forma pela qual transmitimos a nossa mensagem.

A comunicação é a troca de informação entre duas ou mais pessoas. Por meio do que se quer transmitir, o emissor (o que envia a mensagem) transmite a um receptor (o que recebe a mensagem), deste recebimento será verificado o que foi compreendido e o receptor devolverá em forma de *feedback* o que compreendeu da mensagem.

É um processo pelo qual se transmite a informação com o objetivo de compartilhar conhecimento, sentimentos, ideias, propor negócios, vendas, parcerias, enfim, é o elo das relações, não importando o meio pelo qual se transmita a mensagem. Por isso, precisamos avaliar muito bem como estamos e queremos transmitir a informação, pois ela será a "porta" inicial da construção ou até mesmo a finalização de uma interação entre os envolvidos.

É dentro do processo de comunicação, ou seja, no desenvolvimento propriamente dito da transmissão da mensagem, que muitas alterações podem acontecer, dificultando a transmissão com clareza daquilo que se quer.

De acordo com a imagem e de maneira sucinta, até a mensagem chegar ao receptor, muitas inteferências podem ocorrer, como ruídos e barreiras da comunicação, que são extremamente prejudiciais para uma mesagem eficaz e de fácil entendimento para os participantes no processo. Falaremos dessas interferências mais à frente.

### 3.1 Tipos de Comunicação

É preciso escolher qual o tipo de comunicação será transmitida, qual a forma pela qual a informação será passada ao receptor.

Qual a melhor forma de comunicação? Não existe a melhor. O que existe é a preocupação que devemos ter em relação à qualidade da mensagem que se quer transmitir, sua adequação, qual o contexto, qual a pessoa ou quais são as pessoas que estarão recebendo a mensagem.

#### 3.1.1 Comunicação Verbal

Acontece por meio das palavras, inclui a fala, o discurso, a dicção. Como saem as palavras do emissor? De forma clara, de fácil entendimento, uma pronúncia correta (neste momento pensamos no português adequado)?

#### 3.1.2 Comunicação Não Verbal

Acontece pela expressão corporal, dos gestos, dos sinais, das expressões faciais, do movimento. O corpo também fala e por meio dele podemos detectar inúmeras mensagens. É a nossa postura, nossos gestos. É uma comunicação que pode complementar a comunicação verbal ou simplesmente anular o que está sendo dito, dificultando o processo de quem recebe a mensagem.

### 3.1.3 Comunicação Escrita

Acontece por meio de símbolos escritos (frases, letras), é uma forma de transmitir a mensagem escrevendo, passando para o papel, *e-mail*, jornal, revista, aquilo que se quer transmitir. Tão importante quanto qualquer outro tipo de comunicação, a mensagem escrita não leva nossas expressões, e isto pode dificultar o processo de interpretação de quem recebe. Por isso, é fundamental prestarmos atenção na forma como tansmitimos a mensagem, pois pode gerar inúmeras interpretações.

Além desses tipos mais conhecidos de comunicação, temos o que chamamos de subdivisões: que é a comunicação formal (dependendo do ambiente e do público ao qual é preciso transmitir a mensagem), a comunicação informal (sem tanta ou nenhuma formalidade, mas nem por isso possa ser algo tansmitido de qualquer forma), a comunicação digital (em que tudo é transmitido por um meio digital/rede social, que acredito ser uma das formas mais complicadas e pouco observadas em se transmitir uma mensagem com eficácia).

## 3.2 Estilos de Comunicação

Já foi possível perceber que não basta falar; se fosse apenas isto, todos os seres humanos seriam exímios comunicadores, até porque vemos as pessoas falando o que querem e do jeito que querem.

Não é bem assim, a comunicação de excelência requer treino, um olhar diferenciado para a maneira como falamos e também para a maneira como recebemos a mensagem. Parece simples, mas, com certeza, como qualquer competência comportamental, é muito mais complexo e minucioso, pois dependemos do outro para que a comunicação aconteça, e quando dependemos de alguém que, na grande maioria das vezes, não está na mesma direção ou sintonia que a gente, a comunicação se torna ainda mais sensível e difícil de atingir o objetivo almejado, porém, para tudo na vida existem as possibilidades de fazer dar certo, para isso é preciso querer aprender, treinar e fazer a nossa parte.

Além dos tipos de comunicação e dos processos de como a mensagem é transmitida, temos também o estilo que esta comunicação é transmitida, ou seja, qual a maneira que estou transmitindo a mensagem, e isto está muito mais relacionado com o comportamento, a personalidade de cada um, proporcionando ainda mais facilidades ou dificuldades, dependendo de quem comunica.

### 3.2.1 Passivo

São pessoas que demonstram dificuldade em expressar sua opinião, não demonstram motivações e evitam situações de conflito. Pessoas com este estilo tendem a preocupar-se muito com a opinião dos outros, têm dificuldade de se posicionar e de dizer NÃO.

### 3.2.2 Agressivo

Por acreditarem excessivamente em si mesmas, expõem a sua verdade como única e absoluta, sem respeito à opinião do outro. Pessoas com este estilo sentem-se superiores, têm dificuldade de escuta e só enxergam suas próprias necessidades.

### 3.2.3 Passivo/Agressivo

Expressam-se de maneira indireta. Não conseguem falar abertamente o que sentem ou pensam, reclamam para terceiros, mas nunca se posicionam diante do que é necessário.

### 3.2.4 Assertivo

É o único estilo que conecta verdadeiramente as pessoas. São pessoas que defendem seus direitos, respeitam os direitos dos outros, têm uma postura segura, escuta ativa, sabem se posicionar e dizer o que acreditam, também sabem escutar e respeitar a opinião do outro.

Cada pessoa irá apresentar um estilo de comunicação e o meio em que está inserido contribui, e muito, para as variações na hora de comunicar. O que devemos prestar atenção é que, independentemente do ambiente em que estamos inseridos, precisamos tentar, minimamente, prestar atenção na forma como transmitimos a nossa mensagem, equilibrindo todos os estilos, para que não sejamos nem passivos, nem agressivos, mas, sim, incluirmos uma maior dose de assertividade na nossa fala, nos nossos gestos e também na nossa escrita.

Isto tudo parece tão difícil, não é mesmo? Qualquer competência pode ser treinada e aprendida; com a comunicação, não é diferente. O que realmente acredito e vejo no meu dia a dia profissional é que as pessoas não querem ao menos tentar aprender e melhorar suas competências comportamentais, pois a mudança requer trabalho, atenção, dedicação, e como vivemos uma fase em que o ser humano quer tudo pronto, sem o interesse em pensar e tentar melhorar suas ações, então parece que a comunicação eficaz é impossível de acontecer.

E eu digo: não, muito pelo contrário, se quisermos, verdadeiramente, trabalhar a comunicação de forma clara, confiante e coerente, conseguiremos melhorar todas as áreas da vida, não deixaremos de ter adversidades, porém teremos mais autoconfiança e posicionamento para lidarmos com quem quer que seja, independentemente do cargo ou posição social.

# 4 Interferências na Comunicação

*"Passar por problemas, lutas e dores faz parte da caminhada, mas é você que decide se vai vencê-los ou deixar eles vencerem você."*
*Augusto Cury*

Como citado anteriormente, além dos tipos, estilos de comunicação e todos os ambientes nos quais devemos transmitir nossas mensagens, temos também as interferências na forma como comunicamos, que estão relacionadas com os ruídos e barreiras durante os processos de transmissão das mensagens.

Vejo também estas interferências como uma grande dificuldade de as pessoas se comunicarem com maior naturalidade, impedindo que a troca aconteça como deveria, proporcionando até mesmo danos financeiros, emocionais e de parcerias mesmo, porque, uma vez que não consigo transmitir o que preciso, fica praticamente impossível fortalecermos um "elo", quer seja nas relações profissionais ou pessoais.

## 4.1 Ruídos

Podemos entender como ruídos na comunicação qualquer elemento interno ou externo que impeça a transmissão de uma mensagem de forma clara.

Quando existe muito ruído em uma empresa, independentemente do seu segmento, a integração com a equipe fica extremamente prejudicada, pois cada funcionário está vivendo no seu próprio mundo, dificultando, assim, que o processo de comunicar de fato aconteça. Vamos entender um pouco melhor sobre esses ruídos?

### 4.1.1 Ruído físico

Um ambiente conturbado, com barulhos indesejáveis, quer seja em área interna ou externa, prejudica e dificulta o processo de fala e também de escuta, causando falta de atenção, distrações, gerando falta de foco naquilo que seria o mais relevante naquele momento, ou seja, a comunicação.

### 4.1.2 Ruído psicológico

Uma troca de mensagens em que uma das pessoas encontra-se totalmente distraída com outros assuntos, não prestando atenção na mensagem a ser transmitida. Isto gera até um certo desrespeito, pois é muito desagradável você tentar comunicar algo e o receptor estar totalmente disperso e concentrado em outro assunto. Sei que este é um ruído natural de acontecer, até porque com tantas informações e tantas demandas que temos diariamente, fica difícil de nos concentrarmos em muitos momentos, mas é preciso tentar, até por uma questão de respeito ao outro que está se empenhando em nos transmitir algo.

### 4.1.3 Ruído semântico

A maneira como a informação é passada faz toda a diferença e o tipo de linguagem também irá interferir no processo de entendimento ou não da comunicação, como, por exemplo, utilizar termos técnicos que somente você conhece e que não fazem parte da rotina profissional de outra pessoa, ou transmitir a mensagem em outro idioma.

É muito comum profissionais utilizarem termos técnicos em seus processos de fala, em uma conversa, reunião ou até mesmo palestra, porém é preciso compreender que nem todos irão entender qual o significado de um determinado termo técnico, dificultando e muito a transmissão da mensagem, fazendo com que a comunicação não seja verdadeiramente absorvida.

Um exemplo disso são profissionais de saúde que utilizam termos técnicos para transmitirem a mensagem aos pacientes, quase sempre a comunicação não acontece, pois os pacientes não conhecem estes termos, não perguntam do que se trata e, com isso, o ruído está inserido, proporcionando até mesmo um erro de interpretação do receptor.

Os ruídos são, sem dúvidas, grandes interferências no momento em que a comunicação acontece, é preciso uma dose extra de atenção para entender se a mensagem está sendo transmitida adequadamente e, principalmente, se a outra pessoa está compreendendo o que está sendo transmitido, principalmente quando falamos de ambientes corporativos, em que existem muitas equipes, muitos setores, e a comunicação, muitas vezes, parece um "campo minado", no qual todo cuidado é pouco para entender e se fazer entender.

## 4.2 Barreiras

Estas barreiras, que irei descrever aqui, são barreiras muito mais "sutis", barreiras do cotidiano, que, muitas vezes, ficam escondidas nas nossas atitudes e despercebidas por muitos, dificultando bastante os processos de comunicação.

As barreiras, assim como os ruídos, são situações que fazem com que a mesagem seja transmitida de forma distorcida, prejudicando, assim, toda a compreensão do ato de comunicar; sendo assim, a comunicação fica falha, enfraquecida e os receptores não conseguem compreender, pois, no meio do caminho, alguma barreira aconteceu para que esta troca não acontecesse com a devida precisão.

Estas barreiras mostram o quanto a comunicação é frágil e pode, em muitos momentos, destruir relacionamentos interpessoais, tornando as pessoas cada dia mais distantes e com receio de realmente "aparecer" para o mundo e para todos que as cercam.

### 4.2.1 Barreiras comportamentais

Muitas pessoas não demonstram interesse em escutar ou falar de forma mais clara e assertiva. Uma grande parcela ainda acredita que comunicação só é importante e válida para quem é palestrante, jornalista ou locutor. Grande engano, o ato de atendermos um cliente, negociarmos uma compra, conversamos com um familiar, amigo, enfim, qualquer forma de nos expressarmos para alguém, já estamos nos comunicando, então como as pessoas ainda demonstram tanta resistência em querer melhorar uma competência da nossa vida diária? Não temos como escapar, independentemente da profissão escolhida, por causa desta falta de interesse, muitas vezes a comunicação não acontece de maneira eficaz, já que apenas uma pessoa está tentando transmitir com precisão determinada mensagem e outro não demonstra nenhum interesse em receber ou compreender, já temos aí uma barreira difícil de quebrar.

O preconceito também é uma das principais barreiras, principalmente nos tempos digitais, em que tudo é inserido como preconceito, claro que em alguns casos é mesmo, mas será que todos são casos de preconceito? Observo todos os dias "graves" barreiras em relação a este comportamento, na verdade vejo até medo em relação às pessoas que até querem se comunicar, mas têm medo de serem mal interpretadas e "tachadas" de preconceituosas. Claro que existe o preconceito racial, religioso, de orientação sexual, de aparência fisíca, de quem não tem filhos, enfim, de tantos outros seres humanos e/ou situações, que, muitas vezes, são julgados e maltratados por não serem conforme uma parcela da população "julga" como o correto, inclusive isto não é pauta para este livro, mas fica aqui uma reflexão de como as pessoas estão julgando as outras, como se fossem realmente superiores, como se possuíssem uma perfeição inexistente ao ser humano e que, independentemente de quem seja, com suas características fisicas, emocionais, sociais, espirituais, eles têm e terão imperfeições como todos os indivíduos, sem exceção. E graças a este julgamento, a comunicação "real" está cada dia mais fragilizada, pois todas as pessoas estão com medo de falar e serem julgadas como preconceituosas ou de, verdadeiramente, mostrarem, pelas suas expressões verbais e não verbais, que o preconceito realmente existe nas suas atitudes.

O egocentrismo também é uma forte barreira; tudo é voltado para o centro da própria pessoa, ou seja, ela se sente autossuficiente, conhecedora de tudo, preocupa-se apenas consigo. Portanto, um indivíduo com esta característica comportamental dificilmente conseguirá estabelecer uma boa comunicação com alguém, pois somente ele é o bom, somente ele entende o que acontece, com uma grande dificuldade de "enxergar" o outro. Sendo assim, como trocar ideias com alguém que está sempre certo, que não tem empatia, que não consegue ver e entender o outro, pois a sua preocupação é apenas consigo?

Não estar aberto ao diálogo também é uma barreira difícil de ser derrubada e que causa muitas situações desconfortáveis. Uma pessoa, que não dá abertura ao que o outro tem a dizer, realmente ficará sozinha e limitada para os processos de aprendizagem e crescimento. Uma pessoa que não quer escutar o outro está perdendo grandes oportunidades de conhecê-lo, de aprender com sua história, de conhecer opiniões diferentes da sua e de se fortalecer com tudo que um diálogo pode proporcionar. Se não estamos abertos ao diálogo, é porque quero ser a "dona" da verdade, impedindo que outras pessoas cheguem até mim, podendo aprender comigo e vice-versa.

O medo do que o outro irá pensar de mim, a meu ver, é uma das principais e mais comuns barreiras, o medo de falar, de expressar a opinião e ser malvisto por isso. Portanto, as pessoas se "fecham" em seus próprios pensamentos, afastando-se das pessoas com desconfiança, construindo, assim, uma barreira gigantesca e difícil de transpor.

Tenho algo a dizer sobre esta barreira: você falando ou não, aparecendo ou não, alguém sempre irá falar de você, "julgar" você, acabei de escrever que o julgamento faz parte da nossa vida, principalmente com a rapidez das informações e com tanta gente "cuidando" da vida das pessoas nas redes sociais, portanto, impossível alguém não falar ou julgar sua fala ou comportamento. O que irá mudar a sua percepção é a maneira como você lida com estes julgamentos, mais à frente mostrarei algumas dicas de como poderemos fortalecer o nosso "eu" para que possamos nos blindar do que vem do outro, garanto que é muito difícil e nem sempre conseguiremos uma blindagem perfeita, porém é possível e extremamente importante para a nossa saúde mental e emocional. Mas lembre-se: quem fala demais do outro, não consegue olhar a importância de cuidar da própria vida, tem dificuldade de lidar consigo, pois observar e conhecer a si é bem delicado, proporciona até mesmo muitas frustrações em alguns momentos, então, não entenda que o problema encontra-se em você que está sendo julgado, talvez aquele que julga é que tem alguma dificuldade na vida e precisaria de um auxílio para melhor compreensão de si próprio.

Outra barreira comportamental importante é a timidez. Você já parou para pensar se é tímido e qual é o grau desta timidez? Diferentemente do famoso "frio" na barriga, que é extremamente comum em uma situação nova ou em uma comunicação com alguém que não conhecemos, este "frio" é muito mais do que aquela ansiedade natural do que é desconhecido: um nervoso excessivo de falar com quem quer que seja, inclusive com sintomas físicos, como suador, naúseas, tontura, uma espécie de pânico mesmo, aí talvez seja o momento de buscar ajuda, pois não tem como fugir, a comunicação faz parte o tempo todo da nossa existência e se eu quero, minimamente, atuar profissionalmente e me relacionar com as pessoas, é preciso tentar superar a timidez excessiva.

### 4.2.2 Barreiras organizacionais

Outra barreira que vem sido muito observada nos últimos tempos é a barreira organizacional, ou seja, aquela muitas vezes "camuflada" dentro das organizações, mas que pode causar danos irreversíveis entre os colaboradores, influenciando inclusive no sucesso da empresa.

Algumas empresas possuem processos de gestão que dificultam a comunicação entre os funcionários, comprometendo a troca de informações, postergando a resolução dos processos.

A questão hierárquica também é um ponto de barreira muito grande. Claro que precisamos de regras e, naturalmente, de níveis hierárquicos para o bom funcionamento dos setores dentro de uma empresa, porém, se as informações ficarem centradas em um número restrito de colaboradores, dificilmente teremos uma comunicação com maior fluidez, interesse e participação de todos. Por isso, hoje, mais do que nunca, as empresas estão voltadas em criar uma estrutura em que todos possam sugerir melhorias e participar mais ativamente dos processos diários da organização, diminuindo, assim, aquela postura hierárquica de que apenas os funcionários com cargo de liderança é que podem opinar.

Com esta nova postura dentro das organizações, surge a esperança de uma comunicação mais aberta e, consequentemente, mas assertiva. Porém, infelizmente, não basta apenas inserir os demais colaboradores nas decisões ou mudanças da cultura organizacional, é preciso ações constantes e efetivas para o êxito nas relações interpessoais, pois são estas relações que irão influenciar direta ou indiretamente na comunicação entre as equipes.

### 4.2.3 Barreiras pessoais

Quando falamos em organizações, a comunicação torna-se extremamente mais complexa e delicada, porque estamos falando de pessoas, cada indivíduo terá sua forma de agir, pensar e interagir, portanto, como mencionado no item acima, as relações interpessoais tornam-se fragilizadas, por isso a importância de uma constância em treinamentos e um "olhar" mais cuidadoso para estas relações. Lidamos, pois, com personalidades diferentes, pessoas comunicativas, pessoas que falam sem pensar (e isto não é uma comunicação adequada) e os introspectivos, que "fogem" quando o assunto é se expor, incluindo as emoções e histórias de vida de cada colaborador, que também influenciam na hora de comunicar.

Tudo isto faz parte e é extremante compreensivo, já que lidamos com seres humanos, portanto, independentemente do segmento da organização, teremos estas questões no dia a dia, porém é preciso avaliar até que ponto os comportamentos individuais estão influenciando na fluidez do trabalho, prejudicando o bom andamento dos negócios dentro das empresas.

Estas são algumas das principais interferências que dificultam, e muito, o desenvolvimento de uma comunicação verdadeiramente assertiva.

Ruídos, barreiras, interferências reais que, se não forem muito bem observados e modificados, dificilmente teremos êxito na troca de informações e na resolução de certos conflitos.

Parece realmente um bicho de sete cabeças solucionar todas estas questões para o "simples" fato de comunicar, mas aí que está o grande problema: são as pessoas acharem que a comunicação é algo sem importância, que basta falar o que quer ou digitar o que vem à cabeça, que está tudo certo; grande engano, talvez por esta falta de cuidado com a forma como comunicamos é que vivemos um período de muitos conflitos, que podem ser, sim, solucionados, não totalmente, porque lidamos com pessoas que vivem momentos e pensamentos diferentes, mas podemos modificar o momento atual. Para isso, é preciso querer e realmente buscar formas de melhorar a maneira como interagimos conosco e com o mundo.

# 5 A Comunicação Interna e os Talentos

*"Ninguém conseguirá trabalhar em equipe se não aprender a ouvir. Ninguém aprenderá a ouvir se não aprender a se colocar no lugar dos outros."*
*Augusto Cury*

O impacto da comunicação nas organizações é fundamental e decisivo para que estas sejam competitivas. Neste âmbito, a comunicação, e, em concreto, a comunicação interna, é uma área estratégica de desenvolvimento organizacional, tendo efeitos de alinhamento dos públicos internos com a estratégia de comunicação organizacional global.

As organizações, na atualidade, encontram-se inseridas em ambientes extremamente competitivos e dinâmicos, fruto da presença em mercados abertos e em permanente mudança. Por esta razão, as organizações tendem a olhar para os seus recursos e a encontrar formas de geri-los e desenvolver estrategicamente (Ramos, 2009). Uma das áreas que permitem a diferenciação competitiva reside no fator humano das organizações. Porém não basta que as organizações tenham uma equipe de colaboradores talentosos ou competentes, se o fluxo informacional na organização não funcionar ou se os processos de comunicação não forem adequados. Se tal acontecer, não será possível potencializar o fator humano das organizações (Ramos, 2009).

A comunicação interna e a motivação são essenciais para o ótimo desenvolvimento organizacional, dinamizando as estruturas e a melhoria dos resultados organizacionais. No sentido de uma avaliação da articulação entre comunicação interna e motivação, é preciso mencionar, globalmente, que a motivação parece estar ligada à comunicação interna. A comunicação interna conduz o conhecimento e os saberes dentro da organização: o **saber ser** – relacionado com o desenvolvimento e melhoramento de atitudes e comportamentos em contexto laboral; o **saber fazer** – dirigido ao processo de práticas com impacto nos processos e técnicas de trabalho e o **saber conhecer** – salientado no enriquecimento de competências e conhecimentos transversais aos desempenhos laborais.

Para enfrentar os desafios com que se deparam atualmente, as organizações deverão apostar mais nos seus colaboradores e, principalmente, preocupar-se em criar estímulos, de forma a motivá-los para que possam alcançar tanto os objetivos da organização quanto os objetivos pessoais. A comunicação interna parece ser uma área de grande importância para construir tais estímulos e materializar visíveis intenções de investimento no capital humano.

A comunicação interna tem uma posição estratégica dentro das organizações, ao estimular a integração e motivação dos funcionários, o comprometimento de todos com a missão, visão e os princípios empresariais, abertura ao diálogo e a troca de informações e conhecimento. Ou seja, a comunicação interna coadjuva os colaboradores a reterem os objetivos, envolvendo-os no seu projeto, proporcionando-lhes uma ação participativa com um maior envolvimento com a cultura da organização. Desta forma, a comunicação interna está ligada à motivação, sendo necessário conhecer os interesses dos colaboradores e interligá-los com os objetivos da organização.

# 6 Comunicação e sua Importância nas Organizações

*"O maior líder é aquele que reconhece sua pequenez, extrai força de sua humildade e experiência da sua fragilidade."*
*Augusto Cury*

Sabemos que a comunicação é o processo de troca de informações entre duas ou mais pessoas. Desde os tempos mais remotos, a necessidade de nos comunicar é uma questão de sobrevivência. No mundo dos negócios não é diferente. A necessidade de tornar os funcionários influentes, integrados e informados do que acontece na empresa, fazendo-os sentir parte dela, fez surgir a comunicação interna, considerada hoje imprescindível às organizações, merecendo, cada vez mais, maior atenção. Por meio da comunicação interna, torna-se possível estabelecer canais que possibilitem o relacionamento ágil e transparente da direção da organização com o seu público interno e entre os próprios elementos que integram este público.

A comunicação efetiva só se estabelece em clima de verdade e autenticidade. Caso contrário, só haverá jogos de aparência, desperdício de tempo e, principalmente, uma "irreal comunicação" no que é essencial/necessário. Porém não basta assegurar que a comunicação ocorra. É preciso fazer com que o conteúdo seja efetivamente aprendido para que as pessoas estejam em condições de usar o que é informado (Ruggiero, 2002).

No mundo empresarial contemporâneo, a capacidade de se comunicar bem é considerada uma habilidade valiosa. Os fatores para essa valorização são muitos: complexidade social crescente, maciça presença de novos meios de comunicação, equipes de trabalho que mudam a cada projeto, maior contato entre pessoas de diferentes áreas, necessidade de solução de conflitos em ambientes com grande diversidade e muito estresse, entre outros.

Em virtude disso, muitas organizações têm buscado, cada vez mais, treinamentos focados no desenvolvimento da comunicação de seus profissionais: técnicas para apresentação em público, comunicação voltada para a liderança, ambiente multicultural, reuniões e uso de novas tecnologias.

A comunicação assertiva é outro ponto relevante e de muito interesse nas organizações. Trata-se de um conjunto de técnicas utilizadas para se atingir um diálogo mais eficaz, superando as armadilhas que as reações emocionais podem representar durante um processo comunicativo.

Por meio de uma comunicação eficiente, torna-se possível estabelecer canais que possibilitem o relacionamento ágil e transparente dos gestores da organização com o seu público interno e externo, e entre os próprios elementos que integram este público.

Apesar de toda esta relevância e da comprovação de que sem comunicação é impossível atuarmos com clareza e assertividade, ainda nos deparamos com organizações de diversos segmentos, inclusive instituições de ensino, que não investem o suficiente na melhoria da comunicação interna e externa para desenvolver um trabalho de *marketing* integrado, levando seus colaboradores a uma melhora no relacionamento em equipe.

Em pesquisas realizadas com funcionários de instituições de educação profissional, pude verificar claramente que a comunicação autêntica falha em diversas situações, aumentando de forma significativa a desmotivação por parte dos colaboradores.

Nessa perspectiva, o quanto é importante gestores e demais cargos de liderança compreenderem a importância da comunicação como uma ferramenta na retenção dos talentos, atingindo assim a eficácia organizacional.

Desse modo, é possível dizer que a comunicação organizacional é um processo dinâmico que envolve relações humanas em toda sua amplitude, e que tem em cada indivíduo o seu tom único. Compreende-se que uma empresa não deve estar voltada apenas para o lucro dos seus empreendimentos, como também para os processos comunicativos da organização, a fim de melhorar seu desempenho e produtividade.

Portanto, a comunicação é para todos os seres humanos, sem exceção.

# 7 Fatores que Influenciam na Não Comunicação

*"Seus maiores inimigos estão dentro de você. Não se deixe derrotar ou perturbar por pensamentos que lhe roubam a tranquilidade e o prazer de viver."*
*Augusto Cury*

Cada pessoa sente, interpreta e entende o ambiente em que está inserida de forma diferente. Para que a comunicação fosse "perfeita", seria preciso emissor e receptor estarem na mesma frequência de pensamento, entendimento e atitude em relação à vida e ao meio em que estão inseridos. Como isto será impossível de acontecer, estamos compreendendo quais os principais **GAPS** para uma comunicação **não** eficaz, para depois entendermos que nem tudo está perdido, que existem estratégias e formas de melhorar qualquer competência, que é possível nos expressarmos e compreendermos o outro de maneira mais assertiva, para a construção de interações mais saudáveis e benéficas em todas as áreas da vida.

7.1 Os valores refletem o que uma pessoa acha importante na vida, portanto, cada pessoa terá os seus próprios valores, são eles que guiam as nossas ações, tendo uma grande influência na comunicação ou até mesmo na falta dela. Estar alinhado a eles é fundamental para o êxito na vida, mas não respeitar os do outro pode ser um fator negativo no ato de comunicar, de transmitir e receber a mensagem.

7.2 As emoções representam os sentimentos de uma pessoa a tudo que aconteça com ela própria e a sua volta, tendo um alto poder de interferência no momento de comunicar uma mensagem. A forma como uma pessoa se comunica também está relacionada com a maneira que ela sente, dificultando ou facilitando o modo de se relacionar com as pessoas.

7.3 A formação sociocultural também influencia nos processos de comunicação. A sua linguagem, gestos e atitudes refletem, na grande maioria das vezes, a sua história cultural. Não estou julgando ou dizendo o que está certo ou errado culturalmente falando, porém estas formações ao longo da vida influenciam na nossa forma de transmitir a mensagem.

7.4 Conhecimento também tem um forte impacto sobre a comunicação. Uma sala de aula, por exemplo, principalmente quando falamos de andragogia, temos alunos dos mais diferentes níveis de conhecimento, tornando a comunicação mais difícil. É fundamental que se estabeleça uma comunicação clara entre os diversos níveis de conhecimento para ninguém sair perdendo.

7.5 O perfeccionismo também é um fator de influência negativa em relação à comunicação. Uma pessoa que se acha perfeita ou exige a perfeição do outro, dificilmente terá uma relação saudável com alguém, primeiro porque não somos perfeitos, e quando me coloco nesta situação, estou sempre me cobrando demais ou exigindo demais do outro, formando um enorme abismo entre as relações, impedindo uma interação eficaz e um pouco mais leve.

Estes fatores e todos os demais citados até o momento formam uma enorme lacuna, que, se não discutida e trabalhada desde cedo, nos ambientes familiares, educacionais, sociais, teremos o reflexo que já temos hoje, de profissionais extremamente carentes desta competência que pode transformar positivamente os ambientes corporativos.

# 8 Relacionamento Interpessoal – Interações

*"Sem perceber, a sociedade moderna – consumista, rápida e estressante – alterou algo que deveria ser inviolável, o ritmo de construção de pensamentos, gerando consequências muito graves para a saúde emocional, o prazer de viver, o desenvolvimento da inteligência, a criatividade e a sustentabilidade das relações sociais. Adoecemos coletivamente. Este é um grito de alerta."*

*Augusto Cury*

Se abordamos desde o início deste livro que a comunicação é a troca de informações com pelo menos duas pessoas, então precisamos compreender como nos relacionamos com o outro, pois, independentemente da carreira que desempenhamos, em algum momento da vida precisaremos interagir com alguém. Até mesmo se for tudo no virtual, a comunicação se fará presente, interagir é necessário, portanto, não temos como "fugir", a interação é essencial e sem ela dificilmente aprenderemos a lidar com as diferenças e aprendermos, verdadeiramente, o significado da palavra respeito.

Viver é negociar, a relação entre as pessoas é sempre uma negociação. A relação entre duas pessoas, com pensamentos distintos, quer sejam pessoas físicas ou jurídicas, é sempre um negociar, pois todos estamos inseridos em um ambiente no qual, ao mesmo tempo que é competitivo, também se torna um ambiente cooperativo.

A questão que irá influenciar diretamente nas relações serão os valores que cada um de nós traz. Se cada um tem seus valores (história de vida familiar, social, emocional, espiritual), imagina a complexidade de construirmos relações respeitosas e bem estruturadas, já que cada um está caminhando em um rumo diferente do outro, exatamente porque, além de tudo que vimos anteriormente, também vivemos estes tais valores, que modificam a forma como interagimos com o outro.

Querendo ou não, levamos estes valores para a vida, inclusive para o ambiente educacional e profissional, o que não é errado, porém, se buscamos por uma comunicação de excelência, será preciso avaliar até que ponto os nossos valores individuais estão nos impedindo de construir relações muitas vezes benéficas para o nosso crescimento pessoal e profissional.

As pessoas têm o costume de dizer "não vou mudar quem sou ou meus valores para agradar ninguém", é claro que não devemos ou precisamos mudar quem somos por causa do outro, mas precisamos, se queremos minimamente interagir de forma assertiva com as pessoas, ceder em alguns momentos, buscar um equilíbrio entre os nossos valores e os valores do outro, pois se não acontece equilíbrio, não acontece interação; se não acontece ligação, não acontece COMUNICAÇÃO.

Falando em ambiente corporativo, querendo ou não, é um local em que permanecemos grande parte da nossa jornada de vida, as relações interpessoais têm um impacto avassalador no convívio diário. Saber conviver com os colegas de trabalho reflete em equipes saudáveis, com uma cultura organizacional produtiva e benéfica para todos os colaboradores.

## 8.1 Empatia

Impossível falarmos de interações, se não pensarmos em sermos empáticos. Hoje entendo que é impossível nos colocarmos no lugar do outro, porque só quem está vivendo uma determinada situação é que sabe da dor e/ou dificuldade. Porém pararmos para pensar no que o outro está passando, no sentido de gentileza mesmo, de escuta ativa, pode ser um caminho enriquecedor para a construção de relações de maior confiança e respeito. É um pensar sem julgamento ou de intromissão na situação do outro, no sentido de compreensão, de coletividade; é não pensar em si mesmo e perceber que existem outras pessoas ao redor, que podem estar passando por momentos delicados, aí sim poderemos começar a interagir de maneira mais humanizada.

## 8.2 Ética

É a reflexão sobre os nossos valores, sobre a nossa conduta diária, sendo um ramo da Filosofia que trata dos princípios do comportamento humano adequado, sobretudo da vida em sociedade. É algo que me faz refletir cada dia mais, pois vemos pessoas constantemente achando que podem falar ou fazer o que querem, sem respeito às regras de um local. Como me relacionar, se não consigo respeitar estes princípios, se acho que posso tudo, que a minha verdade é que conta? Por isso refletir sobre nossas ações e até que ponto respeitamos as pessoas e o ambiente em que estamos inseridos faz toda a diferença para o verdadeiro sucesso das relações interpessoais.

## 8.3 Comunicação

Como interagir, se não consigo transmitir minha mensagem de forma clara e também se não me importo em tentar compreender a mensagem que vem de outra pessoa? Abordaremos dicas fáceis de serem praticadas, que podem mudar radicalmente a forma com que me relaciono com o outro, não sendo sinal de "covardia", e muito menos de fracasso, mas, sim, indicação de sabedoria, de inteligência emocional. Se não podemos mudar a forma como o outro interage, até por causa de seus valores, ruídos e barreiras, podemos, sim, mudar a nossa forma de interagir, proporcionando-nos serenidade, motivação e também contribuindo para a preservação da nossa saúde mental e física.

## 8.4 Relações interpessoais no dia a dia

Nossas interações familiares, com vizinhos, amigos, também merecem atenção e devidos cuidados. Quantas catástrofes poderiam ser evitadas se prestássemos mais atenção na forma como interagimos com o todo. Sei que é muito difícil suportar certas situações, até porque envolvem nossos sentimentos; dependendo do ocorrido, podemos internalizar mágoas profundas, que nos impedem verdadeiramente de nos relacionar. Se pararmos para pensar que, dependendo do sentimento, os únicos prejudicados seremos nós, poderemos mudar nossa forma de interagir, melhorando nossas relações e a nós mesmos.

Não podemos nos esquecer de que somos seres únicos e diferentes nas nossas emoções, ideias e comportamentos, então não temos outra escolha a não ser lidarmos com quem quer que seja, construindo maneiras de interação com cada ser humano.

As relações interpessoais estão "doentes" por tudo que estamos abordando até aqui. Na verdade, sempre tivemos dificuldades com as relações, desde quando o mundo é mundo, porém, com a velocidade com que estamos caminhando, estamos perdendo ainda mais a sensibilidade no momento de interagir. O que me deixa feliz e esperançosa é que as pessoas estão começando a sentir "na pele" a importância de se trabalhar certas competências, que os valores individuais devem ser mais bem lapidados para o sucesso dos valores coletivos, que não conseguimos viver totalmente isolados, por mais que às vezes seja este o nosso desejo, ter contato, saber conduzir as relações é a maior das dificuldades, a meu ver, a mais fundamental para o êxito em qualquer área da vida. Portanto, vamos abrir nossa mente, nosso coração, para aprender, treinar e melhorar a forma como interagimos com a sociedade e tudo de bom que podemos extrair dela.

# 9 Autoconhecimento como Ponto de Partida

*"Cada ser humano possui uma beleza física e psíquica original e particular. Aprenda diariamente a ter um caso de amor com a pessoa bela que você é, desenvolva um romance com a sua própria história. Não se compare a ninguém, pois cada um de nós é um personagem único no teatro da vida."*

*Augusto Cury*

O autoconhecimento, a meu ver, é o começo de tudo; sem ele, fica realmente impossível nos relacionarmos de maneira eficaz, de transmitirmos nossa mensagem de maneira assertiva e até mesmo de autoavaliação de como estamos nos comunicando nas mais diversas áreas da vida.

Infelizmente, falarmos sobre nós mesmos ainda gera muitos paradigmas, conflitos internos, más interpretações, é como se precisamos conhecer sobre a vida do outro, mas sobre nós, que convivemos 24 horas por dia, fosse algo absurdo ou irrelevante.

Claro que tudo isto se reflete por causa da sociedade em que estamos inseridos, uma sociedade que se esquece da importância de "olhar" para dentro de si, preocupando-se em comparar-se constantemente ao outro. Quando falo "olhar" para dentro de si, jamais estou falando para deixarmos de sermos empáticos ou gentis, como já mencionado, mas se começarmos a entender o que faz ou não sentido para nós, já que somos seres únicos e diferentes nos nossos valores, dificilmente desenvolveremos relações saudáveis; e, o pior, teremos ainda mais dificuldade de expressarmos o que pensamos e o que queremos transmitir.

O autoconhecimento é quando compreendemos, de forma clara, quem realmente somos, lembrando que não é o que o outro pensa sobre mim, mas o que eu sei sobre mim, minhas habilidades, pontos fortes, limitações, valores. Ou seja, é entender o meu funcionamento intrínseco, no sentido mental, emocional, espiritual; portanto, é um processo diário e sem fim, pois mudamos com o passar do tempo, a sociedade e os aprendizados que vêm dela nos proporcionam transformações em atitudes e pensamentos, por isso se autoconhecer, se autoperceber, é um processo constante e fundamental para fortalecermos quem somos e que irá influenciar diretamente na forma como transmitimos a nossa informação.

Portanto, saber quem você é nesta jornada de vida é uma qualidade essencial para a comunicação. Quando falo sempre em comunicação, não estou falando em ser um palestrante, pois também as pessoas confundem em relação a isso, pensam que, dependendo da área de atuação, a comunicação torna-se desnecessária, o que estou mostrando em cada capítulo é que, independentemente da sua atuação pessoal ou profissional, saber expressar-se com o mínimo de clareza é, sim, essencial para o sucesso na vida e na carreira.

Voltando para o autoconhecimento, ele nos ajuda a lidarmos melhor até com situações de imprevistos, a entender melhor com quem nos relacionamos, não no sentido de julgamento, mas percebermos melhor em que momento devemos comunicar algo ou até mesmo esperarmos o momento certo, que, muitas vezes, dependendo da situação ou da pessoa com quem estamos interagindo, nem compensa comunicar. Por isso, a comunicação é uma das competências que mais nos enriquecem quando conhecemos exatamente quem somos. Pois se conhecermos nossas potencialidades e limitações, poderemos melhorar a forma como comunicamos, deixando-a mais assertiva, clara e coerente.

É plenamente possível desenvolvermos o autoconhecimento, tudo que se refere ao comportamento, é possível de aprendermos e desenvolvermos, mas para isso é preciso realmente focar no que é importante na nossa vida, treinar, refletir sobre o quanto se conhecer pode modificar para melhorar a forma como agimos e lidamos com as nossas emoções e com as do outro.

## 9.1 Benefícios do autoconhecimento para a comunicação

9.1.1 O autoconhecimento nos permite ter autenticidade no momento de falar, deixando-nos com um maior brilho nos olhos e com maior propriedade daquilo que queremos transmitir. Sempre com humildade, mostrando quem realmente somos, sem amarras, apenas com o empenho de "tocar" o coração das pessoas.

9.1.2 O autoconhecimento torna nossa comunicação mais assertiva, conseguimos colocar na fala uma essência realmente verdadeira, nossa, única. Por isso, por mais que existam dezenas de oradores, palestrantes brilhantes, ninguém consegue imitar ninguém, desde que ele trabalhe com a sua essência, a sua verdade, e pode ter a formação que for, a nossa essência é única e inimitável; portanto, desenvolver autoconhecimento nos permite sermos únicos, inclusive na forma como nos comunicamos.

9.1.3 O autoconhecimento fortalece nossas relações pessoais e profissionais, isto acontece porque quando nos conhecemos de verdade, tornamo-nos mais abertos às relações, mais observadores também, ganhamos maior segurança para nos aproximarmos das pessoas; inclusive, nos proporciona maior "jogo de cintura" no momento de interagir, sabendo o melhor momento de se colocar ou de se afastar (quando possível).

9.1.4 O autoconhecimento nos ensina a lidar com o nosso medo de falar em público, uma vez sabendo quem eu sou, saberei o porquê dos meus medos, receios e poderei trabalhar as questões pertinentes que estão me impedindo de me comunicar com assertividade.

9.1.5 Todas as técnicas (falaremos mais à frente) ou os treinos para desenvolver uma comunicação de excelência são válidos e de extrema importância, principalmente para quem quer iniciar neste universo riquíssimo da comunicação assertiva, porém nada fará sentido se não houver verdade, comprometimento, se não atuarmos de acordo com a nossa essência, pois se não for desta forma, a nossa comunicação nunca será completa, e com o autoconhecimento colocamos a nossa alma na comunicação.

# 10 Comunicação, Motivação e Engajamento

*"Acreditar na sua capacidade de mudar é essencial para aumentar a sua autoestima e realizar seus ideais."*

*Lair Ribeiro*

Já sabemos que a comunicação impacta todas as áreas da vida; e falando de área profissional, mais ainda, já que lidamos com pessoas diferentes na sua essência, valores, enfim, nos seus comportamentos. Seria muito mais fácil se a questão fosse apenas uma técnica ou um conhecimento de uma determinada atividade, mas estamos falando de lidar, interagir, comunicar, compreender, agir, enfim, questões que envolvem uma dedicação e um treino muito mais árduo e delicado.

Com tantas incertezas, complexidades e velocidades nos meios organizacionais, o que mais os líderes enfrentam é a luta diária na busca por engajamento, motivação e um real comprometimento dos seus colaboradores, impactando melhores resultados dos seus times. Considerados desafios comuns, mas que necessitam de atenção e ações para uma mudança no cenário atual.

Quando falamos em motivação, esquecemo-nos de que, para realmente acontecer, precisa vir de dentro de cada indivíduo, e, por mais que o outro faça para proporcionar esta tal motivação, só depende de nós mesmos. O que pode e deve acontecer são as organizações ou qualquer outro espaço de interação promover estímulos motivacionais, proporcionar às pessoas ambientes com maior clareza nas ações, respeitando as individualidades.

É possível promover estes espaços "motivacionais", mostrando que precisamos também ser responsáveis por certas ações para que a motivação de fato aconteça, como, por exemplo, ter autonomia para realizar a própria tarefa, excelência (buscar por fazer o melhor) e ter um propósito, fazer algo que dê sentido, que realmente possa valer a pena.

Estas ações podem ser estimuladas pelos locais em que estamos inseridos; também precisamos nos esforçar para agirmos com esta autonomia, excelência e propósito. Ou seja, é possível aprender, se capacitar, melhorar, adquirir formas de se manter competitivo e pronto para realizar entregas de excelência.

Se sabemos que é possível mudar, aprender e melhorar, por que é tão difícil colocar em prática estas ações? Por que é preciso procurar por novas metodologias e por que os níveis de rotatividade continuam grandes, já que a grande maioria possui altos níveis de conhecimento?

Em primeiro lugar, é preciso compreender, definitivamente, que podemos ter pessoas com as mesmas formações e até mesmo experiências técnicas; contudo, são pessoas diferentes, quando entendemos estas especificidades, quando aprendemos que devemos agir com equidade em relação a todos ao redor, principalmente quando falamos de ambientes corporativos, caminhamos a passos mais largos para relações minimamente mais respeitosas e saudáveis.

Uma das principais formas de criarmos ambientes mais engajados e motivacionais está no controle da nossa comunicação, tudo começa na maneira como transmitimos ou não a nossa mensagem. Mesmo quando não falamos verbalmente, o não verbal diz muito sobre o que pensamos ou sobre o que queremos dizer, influenciando positiva ou negativamente o local no qual estamos inseridos.

As comunicações não verbais incluem a linguagem corporal, gestos, olhares e toda esta forma de comunicar precisa ser mais bem observada por todos nós e também precisamos prestar mais atenção nestas mensagens não verbalizadas da nossa equipe profissional, pois, em alguns momentos, estas comunicações não verbais nos apoiam, em outros momentos não, por isso é de fundamental importância prestarmos atenção nestas expressões, pois estes gestos podem construir ou até mesmo destruir relações pessoais, parcerias profissionais, novas oportunidades de aprendizado e crescimento.

Além de tudo que abordamos até aqui (tipos, estilos, ruídos, barreiras) e tantas outras questões que envolvem a comunicação, os nossos sentidos desempenham papel importante na maneira como nos comunicamos.

As pessoas auditivas possuem habilidade para interpretar e fixar o conteúdo por meio da fala, portanto, prestam mais atenção no que o outro diz, como, por exemplo, a explicação de um professor, gravação de uma aula, organiza as ideias e conceitos a partir da comunicação oral.

Já as pessoas cinestésicas gostam do toque, os estímulos são recebidos pelo tato, movimento, pelas sensações. O aprendizado acontece em situações práticas, experimentos, na realização de algo. São pessoas que gostam da proximidade no momento da comunicação, sentem-se mais confortáveis estando próximas e até mesmo tocando na pessoa com quem estamos comunicando.

As pessoas visuais têm um ritmo de fala mais rápido, seu tom de voz é alto e claro, memorizam com maior facilidade vendo imagens e figuras, tendem a ter dificuldade em lembrar instruções verbais, porém se interessam em ver as pessoas como se mostram ou sua forma de aparecer, portanto, vão prestar maior atenção nas expressões corporais do emissor da mensagem.

Precisamos também entender qual o nosso sentido predominante, assim como perceber a forma como o outro compreende a nossa mensagem, pois nem sempre o outro não entende porque não quer ou porque não tem interesse, mas às vezes pode ser porque não estamos compreendendo a maneira que fica mais confortável para o outro entender o que queremos transmitir.

Claro que não devemos ficar "desesperados" e muito menos tentar fugir de falar com alguém, até porque a comunicação se faz necessária em qualquer situação, porém, quanto mais naturais formos na forma de levar a mensagem, compreendendo que assim como qualquer competência, a comunicação precisa ser mais bem observada, treinada e desenvolvida, teremos maiores chances de melhorarmos o ambiente pessoal e profissional, entendendo que respeitar os próprios sentidos e do receptor da mensagem pode ser o princípio de uma comunicação mais clara, proporcionando um local com maior motivação e um convívio com gentileza.

# 11 O Silêncio Também Comunica

*"Esteja ciente de que você tem que falar para ser ouvido, mas tem que se calar para ser apreciado."*
*Lair Ribeiro*

O silêncio também é um dos meios não verbais de comunicação e é de total relevância para as relações interpessoais, proporcionando aprendizado, negociação, crescimento; claro que ser for um silêncio que valoriza, beneficia e proporciona sabedoria aos seres humanos. Mas há o silêncio hostil, que inibe, repreende, trazendo malefícios para quem o recebe. Por isso, a importância de compreendermos que tipo de silêncio estamos oferecendo ou qual o silêncio que estamos recebendo do outro.

Se não for para somar, o silêncio pode também ser considerado um ruído na comunicação, já que uma das pessoas que faz parte do diálogo geralmente irá querer um retorno verbal do emissor da mensagem, portanto, dependendo da mensagem a ser transmitida, o silêncio pode atrapalhar o foco central da conversa, pois se o emissor ou receptor silencia de repente em um momento em que a verbalização se faz necessária, automaticamente a comunicação não acontece.

Em contrapartida, o silêncio também pode representar um jeito de se expressar, muitas vezes mais do que milhões de palavras, pois existem silêncios que são como um pedido de socorro ou até mesmo uma externalização de que algo está acontecendo. Portanto, o silêncio representa, sim, uma forma de se comunicar, será benéfica ou maléfica, dependendo de quem silencia. Como qualquer outra forma de comunicação, tudo vai depender de quem transmite e de quem recebe a mensagem.

O silêncio que proporciona aprendizado, crescimento, entendimento é aquele que apazigua, que pacifica, que organiza as ideias, até mesmo que soluciona conflitos, ainda mais no momento atual de tanta intolerância, muitas vezes o silêncio é a forma mais sábia de conduzir a comunicação, não será sempre, mas em determinados momentos será necessário e o mais sensato a se fazer.

A comunicação só acontece quando o receptor compreende o que quer ser transmitido e se o silêncio chegar como forma de pirraça, vingança, com certeza a mensagem não acontecerá com coerência e clareza.

É importante utilizarmos sabiamente o silêncio, ele pode ser um bálsamo para a nossa comunicação, inclusive para as nossas emoções, porém ele está repleto de sentidos, como qualquer forma de comunicação não verbal, podendo também ser um silêncio agressivo. Para pessoas impulsivas, o silenciar é extremamente inteligente, pois pode evitar conflitos muitas vezes irreversíveis, pode acalmar os nervos, trazer sensatez e equilíbrio para os próximos passos. Com esta reflexão, é possível perceber que, dependendo da situação, o silêncio pode vir também como um orientador de qual o momento exato para se expressar verbalmente e às vezes a percepção de que este momento nem acontecerá, pois não valerá a pena.

Quando uma das partes da comunicação se exalta, é fundamental que o outro indivíduo utilize deste silêncio valoroso, pois, com a pausa, é possível compreender melhor o que de fato ocorreu, como também uma solução razoável da situação conflitante.

Uma das partes precisa silenciar quando necessário, geralmente em diálogos mais acalorados, alguém deve se calar e esperar o momento oportuno para retomar a fala, pois não adianta querer resolver a conversa no estresse, parar e pensar a respeito poderá salvar as relações, independentemente de quais sejam.

Não esqueçam que o silêncio que serve para o bem, é o silêncio carregado de coisas positivas, que vem verdadeiramente para aprender, somar e proporcionar a resolução de conflitos, nunca será sinal de fraqueza, ao menos que não venha com sentimentos prejudiciais; do contrário, ele pode contribuir para darmos importância ao que faz sentido, tendo o bom senso necessário para quando é essencial falar ou apenas permanecer em silêncio para a melhor tomada de decisão no momento de comunicar.

# 12 Respeito ao Próximo como Base da Comunicação

*"Se quisermos compreensão, respeito, gentileza, solidariedade, devemos aprender a ser compreensivos, respeitosos, gentis e solidários."*
*Augusto Cury*

Pode passar o tempo que for, mas um dos comportamentos que nunca saíram ou jamais deverão "sair" de moda é o verdadeiro respeito ao próximo. Sem ele, fica impossível mantermos qualquer tipo de relação, e a comunicação, sem dúvida, terá muitas consequências para quem não consegue, minimamente, respeitar o outro.

O respeito ao próximo é o primeiro passo para uma comunicação eficaz e, principalmente, não violenta. É fácil aceitarmos e nos comunicarmos bem com quem pensa e age como nós, mas o grande desafio está em continuarmos respeitando e nos comunicando com quem pensa totalmente diferente, isto sim é RESPEITAR as diferenças e conseguir se comunicar com quem quer que seja.

Quando as opiniões divergem, imediatamente rejeitamos a forma como o outro vê as coisas e, naturalmente, não queremos mais escutar, como se aquela opinião não tivesse mais nenhum significado, somente porque a outra pessoa pensa diferente daquilo que acreditamos ser o correto. Queremos argumentar, até mesmo provar que o outro está errado no seu ponto de vista, neste momento, claramente, a comunicação começa a falhar, pois o entendimento não acontece, não estamos respeitando a opinião, e sim tentando provar que a nossa verdade é a única e absoluta.

O que deveria acontecer em um diálogo é totalmente o contrário do que vemos atualmente, o primeiro passo para uma conversa pacífica e clara está baseada no respeito pelo ponto de vista da outra pessoa. O respeito permite confiança, consideração, valorização e compreensão em relação ao que o outro fala, não significa concordar, mas entender que o outro tem suas próprias percepções, sua história de vida, portanto, não tem nenhuma obrigatoriedade de pensar como nós.

Se sabemos que todo ser humano é um indivíduo único, o respeito já começa por aceitarmos esta individualidade, é impossível sermos iguais e muito menos pensarmos igual, portanto, o respeito ao próximo e o que este próximo traz na sua mensagem deve ser a base de qualquer relacionamento, e no ambiente profissional não pode ser diferente.

Uma comunicação agressiva, acusatória, julgadora, está muito longe de ser uma comunicação assertiva e muito menos proporcionará relações pacíficas e de crescimento para os envolvidos.

Estamos vivendo tempos delicados em relação ao respeito e a comunicação está tendo grandes prejuízos por causa desta ausência em querer compreender a mensagem do outro.

Quando falo em respeito, entendo que é uma via de mão dupla, as duas pessoas que fazem parte do diálogo devem ter respeito mútuo. No entanto, sabemos que nem sempre é isto que acontece, pois muitas pessoas não querem "sair perdendo" e por isso impõem a sua opinião, como se fosse um "troféu". Para que a comunicação seja do "bem", é preciso que um dos lados ceda e compreenda que esta imposição nunca será a melhor saída e que, na grande maioria das vezes, dar um passo para trás não significa não se posicionar, e sim ter sabedoria para compreender até que ponto vale a pena ficar defendendo a sua verdade.

Infelizmente, as comunicações acaloradas ocorrem por falta de respeito pela opinião do outro, demonstrando nitidamente a falta de maturidade comportamental das relações. Muitas vezes, em cargos de alta liderança, por falta de uma comunicação saudável e respeitosa, os riscos de fracasso nas equipes e nos negócios acontecem com muita frequência dentro das organizações.

Para que a comunicação seja verdadeiramente o alicerce de qualquer situação, em primeiro lugar precisamos "quebrar" crenças limitantes relacionadas com posições sociais, faixas etárias, crenças políticas, religiosas ou de qualquer ordem e realmente respeitarmos o que o outro traz consigo, pois acredito, sinceramente, quando verdadeiramente respeitamos o outro, naturalmente conseguimos ser respeitados também; senão, iremos nos posicionar para isso. Quando damos o exemplo, o retorno deste respeito fica mais evidente e mais fácil de ser conquistado.

# 13 A Importância da Comunicação na Construção da Imagem Pessoal

*"Tudo aquilo em que acreditamos nos controla. Se você crê que a sua vida tem valor e que é uma pessoa capaz e inteligente, então sua crença expande sua qualidade de vida."*

*Augusto Cury*

Não precisamos dissociar a imagem pessoal da profissional. A imagem pessoal será levada para qualquer ambiente e em qualquer área de atuação, portanto, cuidar deste perfil pessoal é totalmente necessário para a construção de uma imagem segura e assertiva e, sem dúvida, a comunicação é uma das principais competências na construção desta imagem.

Não podemos nos esquecer de que a comunicação envolve tudo que falamos e também a forma como transmitimos a nossa mensagem para o mundo, por meio dos gestos, expressões faciais, corporais, até mesmo o que não falamos, como vimos no capítulo relacionado com o silêncio, enfim, se tudo em nós comunica, mais um forte motivo para nos preocuparmos com o que estamos transmitindo e a forma como estamos emitindo nossa mensagem, tanto no virtual como no presencial, para que esta comunicação seja vinculada de forma positiva a nossa imagem.

Quando algumas pessoas falam que não se importam com a maneira como se comunicam ou que a comunicação é para poucos profissionais, claro que eu respeito, até porque o respeito é a base da boa comunicação, lembra? Porém, se tudo está relacionado com a forma pela qual passamos a informação e que a comunicação é o elo que une ou separa as relações, como ainda temos pessoas que não dão importância para isso?

Quando pensamos na construção de um posicionamento (termo tão utilizado atualmente), inevitavelmente vem à cabeça a forma como me relaciono, como me aproximo dos clientes, que reforço a reputação da minha imagem e da organização que represento, portanto, a forma como nos apresentamos ou algo que estamos representando faz toda a diferença para o sucesso ou insucesso do que estamos tentando "vender".

A imagem pessoal está relacionada com a comunicação, comportamento e aparência. Portanto, comunicar-se com o mínimo de clareza trará benefícios em todas as áreas da vida, principalmente quando falamos em ambientes profissionais.

A comunicação mencionada vale tanto no *on-line* como no *off-line*. Ou seja, as pessoas se preocupam com a imagem que irão transmitir no digital e muitas vezes se esquecem de que também existe um presencial e que um é extensão do outro e vice-versa.

Precisamos nos perguntar com frequência: o que a sua imagem comunica? Aonde queremos chegar com nossas atitudes, expressões, tons de voz? Transmito uma imagem segura, de fácil relacionamento interpessoal, de flexibilidade, de tolerância, de clareza naquilo que quero transmitir?

Precisamos compreender que a imagem comunica para muito além da estética, que é uma soma de resultados, que "abre" portas e contribui para conquistas sólidas na vida pessoal e profissional. É mostrar para o mundo a sua essência, os seus valores, alinhados a seus objetivos, sem deixar de respeitar o próximo; também compreender o que faz sentido para si, sabendo argumentar (não discutir), mas expor a sua verdade para as pessoas.

Imagem pessoal e profissional, como dito anteriormente, não precisa ser separada, estas duas imagens se complementam e se fortalecem, o que precisamos é cuidar deste pessoal para que possamos levar maior coerência para o profissional, proporcionando relações profissionais mais confiantes e harmoniosas.

E não se esqueça de cuidar da comunicação virtual, ela diz muito sobre você, hoje as empresas também pesquisam sobre o que você comunica nas redes sociais, portanto, a sua imagem precisa estar equilibrada entre a vida presencial e digital.

# 14 A Comunicação como Agente Transformador da Educação

*"O maior educador não é o que controla, mas o que liberta. Não é o que aponta os erros, mas o que os previne. Não é o que corrige comportamentos, mas o que ensina a refletir."*

*Augusto Cury*

Se falamos tanto da importância da comunicação no âmbito pessoal e nos ambientes corporativos, não podemos nos esquecer da importância desta competência no ambiente educacional.

A comunicação no espaço educativo é de extrema importância para o aprendizado, mediação de conflitos, tolerância, flexibilidade, respeito, enfim, é um ambiente no qual deve ser desenvolvida, praticada e mais bem observada, para que tenhamos pessoas verdadeiramente mais preparadas no momento de comunicar.

E quando falamos da educação profissional, da preparação do indivíduo para o mercado de trabalho, a comunicação se faz ainda mais necessária, pois precisamos formar não apenas um conhecedor de uma determinada área de atuação, mas, sim, um profissional que saberá lidar com qualquer pessoa e em qualquer situação, pois, independentemente da carreira ser no digital ou presencial, é necessário comunicar-se de forma mais assertiva para o sucesso das relações e dos negócios.

A comunicação no ambiente educacional também é o elo do ensino-aprendizagem, tem como objetivo o fortalecimento das relações entre as famílias e a escola, envolvendo todos no processo de aprendizado, desenvolvimento e crescimento do discente. Portanto, a forma como a comunicação chega ao aluno, a troca de mensagens entre os educandos, as relações entre docentes, coordenadores pedagógicos e todos os envolvidos no ambiente escolar precisam também ser mais bem cultivadas, pois a comunicação contribui para a construção ou desconstrução do aprendizado, proporcionando um ambiente com maiores ou menores estímulos motivacionais.

Quando atuamos com os meios de comunicação como ferramentas pedagógicas para complemento do que é ensinado, daremos ao discente a oportunidade de se expressar com maior segurança e clareza, promovendo espaços de desenvolvimento do senso crítico e prática do respeito entre as pessoas.

O que precisamos compreender é que não dá mais para formar um aluno apenas na profissão que ele escolheu, ou seja, ensinar a técnica e a teoria, digamos que isto seja o básico da área escolhida. Hoje, mais do que nunca, as organizações buscam por profissionais mais completos, que saibam interagir, que saibam se posicionar de maneira coerente e assertiva, por isso a importância da construção de tantas competências comportamentais dentro do ambiente educacional, e a comunicação, sem dúvida, é uma das mais necessárias.

A interação professor e aluno é fundamental para o sucesso no processo de ensinar e aprender. E quando falamos da educação de adultos, esta interação se torna mais imprescindível ainda, pois a comunicação precisa ser clara, objetiva e também respeitosa em relação à história de vida deste aluno adulto.

Em um mundo totalmente dinâmico, a comunicação na educação precisa ser ágil e eficaz, as instituições de ensino precisam prestar maior atenção em relação ao que está sendo transmitido entre todos os envolvidos, funcionários e alunos, porque, infelizmente, grande parte da comunicação violenta acontece no ambiente escolar.

Planejar a comunicação interna é relevante, assim como estabelecer uma cultura de engajamento entre os alunos em relação às formas de se comunicar, rodas de conversa, palestras, diferentes canais de comunicação, enfim, equipes bem estruturadas para levar esta estrutura aos seus alunos, proporcionando interações reais, de aprendizado e crescimento na forma de se comunicar, preparando verdadeiramente seus discentes para o mercado de trabalho.

O que se espera é que a tecnologia continue auxiliando nos meios de comunicação, mas que, acima destas tecnologias, existam seres pensantes para ainda se decidirem sobre suas atuações, suas formas de interagir e de argumentar sobre suas escolhas ou não escolhas.

# 15 Não existe Perfeição, mas Devemos Buscar a Excelência

*"Cada ser humano possui uma beleza física e psíquica original e particular. Aprenda diariamente a ter um caso de amor com a pessoa bela que você é."*
*Augusto Cury*

Não existe perfeição na vida ou nas pessoas, portanto, na comunicação não será diferente. Atingir a perfeição é uma grande utopia, até porque o que é perfeito para uma pessoa não será para a outra, estaremos sempre atrás de algo inatingível e que, inevitavelmente, nos trará grandes frustrações. No entanto, se pensarmos em nos desenvolvermos com excelência, inclusive na comunicação, mesmo que alguém não goste ou não concorde (e é direito do outro de discordar), teremos a certeza de que estamos fazendo algo com o nosso melhor, mas sem a cobrança da "tal perfeição".

"É preciso coragem para ser imperfeito. Aceitar e abraçar as nossas fraquezas e amá-las. E deixar de lado a imagem da pessoa que devia ser, para aceitar a pessoa que realmente sou" (Brown, 2016). Quando realmente entendemos e internalizamos esta mentalidade, a sensação é que tudo flui com maior naturalidade e com a comunicação, uma competência tão fundamental e minuciosa, entender que a imperfeição faz parte e que nem sempre seremos compreendidos, mas se tivermos a certeza de que fizemos o nosso melhor, teremos uma postura mais leve e, consequentemente, uma fala mais serena.

Que tal aproveitarmos para pensarmos nas nossas vulnerabilidades na forma como transmitimos uma mensagem? Quando proponho pensarmos nas "fraquezas", jamais será no sentido punitivo ou de baixo-astral, mas para mostrar a importância de refletirmos sobre nossas ações. Agora eu proponho um olhar profundo sobre você mesma (o) e não sobre o outro, como vem acontecendo com frequência no nosso mundo. Entender onde estamos falhando e as possíveis formas de melhorar ou ao menos tentar já nos transforma em pessoas mais seguras, autoconfiantes e prontas para os desafios da comunicação.

Se pararmos para pensar na "perfeição" que encontramos nas redes sociais, em que não existe erro, nem adversidades, e nenhum tipo de problema começamos a compreender o quanto o mundo está carente de uma comunicação verdadeiramente autêntica, pois nem tudo que parece realmente é. Esta vida mágica e de sucesso constante, na qual nada dá errado e vivemos felizes 24 horas por dia, é praticamente impossível de conseguir, mas é possível aprendermos a viver da melhor forma possível mesmo com todas as adversidades que surgem, inevitavelmente, nos nossos caminhos.

Trabalhar a autenticidade na comunicação pode contribuir para desatar os nossos próprios nós, sermos mais honestos conosco; assim, poderemos entender nossas necessidades, frustrações, desejos e inspirações.

Se quisermos deixar um legado positivo para as gerações que virão, será preciso evoluirmos na forma pela qual nos comunicamos. E repito, em todos os meios de comunicação (oral, escrita, digital etc.). Mais à frente, abordarei formas de tentarmos melhorar esta comunicação, que precisa ser cuidada como uma pedra preciosa, treinada e lapidada diariamente.

Entender que falhou em algum momento da comunicação é extremamente positivo e para a construção de relações mais sólidas. Se não existe perfeição, como teremos uma comunicação verdadeiramente eficaz?

A partir de hoje, que tal praticarmos gentileza com os nossos familiares, amigos e principalmente com pessoas com opiniões divergentes? Ser educado com quem pensa como nós, é muito simples, o grande desafio está em continuar sendo gentil com quem pensa diferente de nós. A comunicação real terá falhas, acertos e erros, porém, se aprendermos a ser honestos com o que pensamos e transmitimos, teremos maior responsabilidade sobre nossa fala, nossas ações e maior comprometimento com o que sai de nós.

É preciso exercitarmos a sabedoria que extrai o melhor de nós, evoluindo a nossa conduta em relação ao que transmitimos e a forma como recebemos o que vem do outro.

É simples? Claro que não! Nada é simples, nada é de um dia para a noite. Nunca vou propor ações milagrosas e que teremos a melhor comunicação porque estamos seguindo o que está escrito nesta obra, porém, garanto, falo isto com a minha experiência e treino diário, que é possível, sim, melhorarmos nossas ações para uma comunicação, no mínimo, mais respeitosa e assertiva. A questão é que o ser humano se tornou muito imediatista, ele quer a melhora, mas não quer passar pelo processo, e é no processo constante que conseguimos grandes feitos e grandes melhorias na vida, mantemos uma constância quando realmente batalhamos e valorizamos o processo, sem perfeição, com falhas, com acertos, mas sempre com a certeza da busca, da tentativa e do crescimento contínuo.

Quer tentar, quer realmente levantar e fazer acontecer?

Ninguém poderá fazer por você. Existe este livro e tantos outros, cursos, mentorias, cursos de oratória e tantas outras oportunidades de aprendizado (que dão um resultado incrível na maneira como transmitimos a nossa mensagem), porém, se você não quiser aprender, praticar e realizar a mudança, de nada adiantará cursos, livros ou qualquer outro meio, é preciso querer e muito! E vale muito a pena!

# 16 A Minha História com a Comunicação

*"Seres pensantes tornam-se profissionais brilhantes e mais bem preparados para lidar consigo e com os demais."*
*Érica Espessotte*

Sempre mencionei que a comunicação, para mim, é uma das competências mais importantes, talvez a mais importante delas, pois é por meio desta competência que tudo se inicia e também tudo pode terminar, como, por exemplo, uma amizade ou uma parceria profissional.

A minha história com a comunicação é desde sempre, ou seja, desde quando comecei a interagir com as pessoas (família, amiguinhos na escola, professores, entre outros). Talvez seja pela estrutura familiar que tive ou até mesmo pelo meu jeito de ser, sempre me preocupei muito com a forma como eu transmitia a minha mensagem, tinha certo receio de ofender o outro, portanto, procurava escolher as melhores palavras para ter uma comunicação clara e educada.

Nunca fiz nenhum curso de teatro ou oratória (embora eu ache sensacional e super-relevante), mas nunca fiz. Comecei a ministrar palestras, ser docente, enfim, estar em contato (ao vivo) com as pessoas, como se fosse um grande teatro, sempre recebendo *feedbacks* relacionados com a forma com que me comunicava e conseguia interagir e "prender" a atenção de todos os públicos, independentemente das suas faixas etárias ou "posição" social. Com este verdadeiro prazer em me comunicar e os *feedbacks* sobre a forma como eu transmitia a mensagem, comecei a ter ainda mais certeza sobre o quanto esta competência me inspirava, o que me levou a estudar cada dia mais sobre o assunto, tanto que já escrevi um capítulo sobre comunicação na participação no livro **Protagonista** (Espessotte, 2022) e hoje estou escrevendo este livro também sobre esta "arte", que é a comunicação.

Com o passar do tempo, dos estudos, palestras, aulas, experiências pessoais e profissionais, pude perceber que a comunicação para ser clara não depende somente de mim e isto me trouxe certo alívio.

Antigamente, acreditava que precisava ser totalmente clara e me fazer entender (senão, a comunicação não aconteceria). Continuo acreditando na importância desta clareza, porém, se outro também não estiver disposto a compreender ou minimamente escutar o que queremos transmitir, a comunicação não acontece ou acontece de forma incompleta.

Estas experiências e, principalmente, os estudos sobre a comunicação me trouxeram esta leveza e a calma necessária no momento de transmitir o que quero. Luto, diariamente, para me fazer entender; escolho as palavras para tentar não ofender o outro, continuo tentando e acreditando estar fazendo o meu melhor, mas não me sinto culpada se a comunicação não acontecer como deveria ou gostaria, pois não depende somente de mim.

A importância de entender o quanto desenvolver o comportamento assertivo é essencial, o quanto estudar e praticar certos comportamentos é extremamente benéfico, inclusive para a nossa saúde mental, fez de mim uma pessoa ainda mais segura na forma de me comunicar, refletindo ainda mais nos *feedbacks* que recebo constantemente.

Estou longe de ser "perfeita" na comunicação, até porque, como mencionei no capítulo anterior, esta perfeição não existe. Quando temos certeza de quem somos e da forma pela qual estamos praticando o que aprendemos, mesmo se algo falhar, será mais uma forma de aprendizado, pois não podemos controlar o outro e muito menos ensinar algo se ele não estiver disposto a aprender. Portanto, como a comunicação precisa, minimamente, de duas pessoas para que o diálogo aconteça, todos os envolvidos precisam querer aprender e melhorar diariamente, então não sou, e nunca serei, a única responsável pelo sucesso ou fracasso da comunicação.

Ter esta percepção me trouxe paz e mais tranquilidade em relação ao que transmito; entender que nem tudo está em nossas mãos traz a certeza de que sou totalmente responsável por mim e pela forma como me comunico; jamais sou ou serei responsável pela fala que vem do outro.

E, hoje, levo a importância desta comunicação mais real, autêntica, imperfeita, porém, de excelência, para o maior número de pessoas possível, incluindo empresas de qualquer segmento, pois falar e escutar com maior clareza gera um melhor posicionamento na vida e na carreira, isto cabe para qualquer ser humano, independentemente da sua história de vida!

# 17 Vamos Refletir, Treinar e Construir uma Comunicação de Excelência?

*"A maior tarefa de um ser humano é ser líder de si mesmo e a maior tarefa de um líder é sair da plateia, entrar no palco de sua mente e ser autor de sua própria história."*

*Augusto Cury*

A vida é um treino diário, com obstáculos, dores, incertezas, mudanças, erros, acertos, e muita luta.

Acredito, sinceramente, que a verdadeira luta está dentro de nós. Quem convive conosco somos nós mesmas (os), portanto, pare de querer modificar o outro e muito menos achar que o outro é culpado pelas suas escolhas. Infelizmente, as pessoas vivem em função do outro (o que o outro vai pensar, o que o outro vai dizer, o que o outro vai fazer) e esquecemos que, enquanto estivermos focados no "outro", o "nós" ficará esquecido e a vida vai passando sem que façamos nada verdadeiramente produtivo pela nossa história.

Portanto, vamos tentar arregaçar as mangas e lutar por nós, pelas nossas conquistas e até mesmo o que iremos extrair do que deu errado?

Todos, sem exceção, têm histórias de vida para contar, com derrotas e vitórias; portanto, dizer que.não consegue, sem ao menos ter tentado, é bem complicado, pois, como dizer "não consigo", se nem tentou? Tentar dá trabalho, a mudança dá trabalho e às vezes é muito mais cômodo dizer que não consegue, ficar se diminuindo e enaltecendo o outro, colocando-se como inferior. Você já parou para pensar sobre isto?

Viver plenamente quer dizer abraçar a vida a partir de um sentimento de amor-próprio. Isso significa cultivar coragem, compaixão e vínculos suficientes para acordar de manhã e pensar: "Não importa o que eu fizer hoje ou o que eu deixar de fazer, eu tenho meu valor." E ir para a cama à noite e dizer: "Sim, eu sou imperfeito, vulnerável e às vezes tenho medo, mas isso não muda a verdade de que também sou corajoso e merecedor de amor e aceitação" (Brown, 2016).

Estas dicas me serviram de lapidação da minha comunicação, utilizo diariamente, com mais empenho a cada dia, nem tudo serve para todo mundo, mas pense, reflita, olhe para dentro de si e veja o que faz sentido para você.

Vamos em frente?

# Algumas possibilidades podem romper as "travas" da comunicação, lembrando que é preciso querer melhorar, agir, pensar no que realmente faz sentido. Portanto, aqui são dicas para reflexão e lembre-se de que cada um encontrará o melhor caminho para o encontro com uma comunicação mais leve, gentil, eficaz, não perfeita, porém, com excelência.

# A leitura é uma das melhores formas de iniciarmos uma comunicação verdadeiramente mais assertiva e argumentativa. Porém não basta ler, é preciso treinar e tentar compreender o que está sendo lido, colocando sempre em prática. A leitura é fundamental, proporciona-nos grandes reflexões e *insights* para o que buscamos, porém não ocorrerão milagres, a mudança é diária e só depende de nós. Tente, comece com um assunto que lhe proporcione bem-estar, leia aos poucos, sem pressa ou cobranças, comece a "mergulhar" nas palavras, interprete aos poucos o que está sendo lido; muitas vezes, para facilitar a interpretação, leia em voz alta, escute o seu tom de voz, aos poucos você irá perceber que o prazer pela leitura irá aumentando gradativamente e o aumento do vocabulário também acontecerá naturalmente, faça um teste, você irá se surpreender.

# É preciso ter uma compreensão clara do obstáculo que te impede de se comunicar com o outro, diante de tudo que foi descrito neste livro (ruídos, barreiras, estilos da comunicação), é preciso se autoconhecer para entender os reais obstáculos que impedem que você transmita a sua mensagem

a quem quer que seja. Portanto, o autoconhecimento é fundamental neste processo, não é entender sobre o outro, mas sobre nós mesmas (os), nossa essência, forças e limitações, somente assim é possível compreender o porquê das dificuldades no momento de se expressar. O fato de "olhar" o outro e esquecer-se de si mesma (o) também é uma grande falha humana, buscar um olhar intrínseco fará toda a diferença no momento de compreender o que falta mudar para melhorar.

# Não se esqueça de que todos possuem limitações, sem exceção, até o palestrante mais renomado ou o mais influente nas redes sociais passa por momentos de insegurança; portanto, crer que somente você possui falhas é um grande limitador na construção de uma comunicação mais segura. Cuidado com o que vê nas mídias, não somos perfeitos 24 horas por dia, foco em você, com o seu aprendizado e crescimento.

# Admire pessoas com quem você se identifica, mas nunca coloque ninguém em um pedestal, não se compare a ninguém; a comparação gera frustrações e uma forte barreira no momento de querer se comunicar com maior naturalidade. Lembre-se sempre de que a perfeição não existe e nem tudo que é divulgado como "perfeito" é verdadeiramente real e nem sempre servirá para você.

# Muitas vezes o medo do que o outro pensará sobre você está relacionado com o medo da imagem que você faz de si mesma (o), ou seja, suas crenças limitantes, sensação de ser incapaz, mostrar-se mais passiva (o), como se fosse verdadeiramente inferior em relação às demais pessoas; cuidado com esta imagem. Cuidado sobre o que pensa sobre si mesma (o), pois este pensamento é outro grande limitador na construção e no desenvolvimento da sua imagem.

# Para começar a se comunicar com o mínimo de clareza, é preciso começar aos poucos, em pequenos grupos, rodas de amigos. Por exemplo, comece expondo as suas ideias, nem que seja com poucas palavras, mostre que você está presente e atenta (o) a todo o desenrolar do diálogo, manifeste

interesse na conversa, não precisa falar muito, mas pequenos gestos e demonstrações de que está verdadeiramente presente fazem toda a diferença no processo da comunicação.

# Cuidado com o seu tom de voz e linguagem corporal, ambos precisam estar em sintonia. O tom de voz diz muito sobre o nosso controle ou descontrole das nossas emoções; portanto, perceba de que maneira você "solta" a sua voz, a entonação, para que as palavras sejam transmitidas com clareza e controle.

# Tenha educação e paciência no momento de expressar-se, ou seja, saiba esperar o momento certo de expressar a sua opinião, assim como compreender o momento de fala do outro, pois precisamos praticar a educação no momento do diálogo, saber esperar o seu momento e saber respeitar o momento do outro é essencial para, no mínimo, uma comunicação de cordialidade.

# Precisamos, mais do que nunca, praticar a escutatória. Falar demais não significa comunicar-se com eficácia, expressar a opinião de nada adiantará se também não for dado espaço para a outra pessoa falar. Não se esqueça de que estamos falando em comunicação, precisamos de, no mínimo, duas pessoas, portanto, é preciso escutar o que o outro traz de informação, mensagem. Se todos não se comunicam e apenas uma pessoa falar e expressar o que quer, teremos um monólogo.

# Precisamos ir além das redes sociais. Por mais que o mundo esteja tecnológico em todas as áreas de atuação, inteligência artificial e tantos outros avanços, haverá alguma situação em que, inevitavelmente, precisaremos interagir "olho no "olho" e é neste momento que vemos a grande dificuldade das pessoas. É como se a comunicação acontecesse apenas no virtual, temos de aprender a nos expressar, independentemente da forma como acontece. Precisamos, urgentemente, de equilíbrio, pois somente uma forma de comunicar não é o suficiente para, verdadeiramente, nos posicionarmos na vida.

# Quando falamos da importância de não nos comunicarmos apenas

no virtual, é porque, muitas vezes, não conseguimos "enriquecer" o nosso vocabulário por causa do excesso de gírias e da informalidade que encontramos facilmente no digital. Quando falamos de carreira, nem toda empresa quer ou aceita uma comunicação pautada em gíria ou abreviações, precisamos compreender e respeitar as regras, cada empresa terá a sua regra. Inclusive, existem reportagens no LinkedIn sobre o quanto esta linguagem informal, com a inserção de *emojis* no meio de uma conversa, tem sido um tanto confusa, pois expressar as ideias no virtual, se não for muito bem detalhado, pode trazer um sentido duplo, dificultando o entendimento de quem recebe a mensagem. Portanto, existem formas de comunicar; precisamos compreender o ambiente em que estamos inseridos e, dependendo do local, será mais do que necessário a ampliação do vocabulário, para transformar a comunicação em algo mais seguro e que gere a credibilidade das pessoas.

# Procure ter domínio do que irá falar, não sabemos tudo e nunca saberemos; portanto, seja honesta (o) no momento de transmitir a mensagem, seja clara (o) nas suas observações, fale o que sabe, também tenha atitude e humildade para dizer sobre o que não sabe e o que fará para buscar a resposta. Falo sempre que, quando somos honestos com as nossas ações, não há o que temer. Seremos julgados? Provavelmente; infelizmente, é o mal do ser humano, mas se eu estiver firme e sincera com o meu propósito, este julgamento não poderá me atingir. É sempre sobre a gente e não sobre o outro!

# Tenha *feeling* para perceber qual o momento certo de falar. Dependendo do local e assunto abordado, às vezes é melhor manter o silêncio ou se posicionar poucas vezes para ter uma comunicação mais assertiva. Nem sempre expor sua opinião será o melhor a se fazer, saber também o momento certo de silenciar é totalmente assertivo e benéfico.

# Falar demais, expor suas impressões demais não significa uma comunicação eficaz, ao contrário, pode ser um comportamento constrangedor, dependendo do ambiente em que está inserido. A linguagem oral, expressões faciais, corporais podem ter duplo sentido, pois também dependem de quem

está recebendo a mensagem. Portanto, cuidado no momento de posicionar a sua comunicação, independentemente de qual seja; portanto, quanto maior clareza e objetividade tiver, melhor será para uma transmissão mais assertiva.

# Para ser assertivo na comunicação, não há espaço para ser passivo ou agressivo. Saber se colocar no momento certo é fundamental, mas também falar sem pensar, doa a quem doer, porque é a "minha" verdade e não importa o outro, também é um comportamento extremamente desconfortável, principalmente quando falamos de ambiente organizacional. Cuidado em não se posicionar ou também em se posicionar demais, como se estivesse impondo a sua opinião, ambos os comportamentos são muito extremos e desagradáveis para a construção de equipes mais saudáveis no ambiente profissional. Como manter este equilíbrio? A autoavaliação, autoconhecimento é fundamental, as respostas estão dentro de nós, por isso a importância diária desta autopercepção. Com o fato de conhecer a si mesma (o), as respostas serão encontradas de como estamos agindo em relação ao diálogo, ao outro. O problema principal está nas pessoas não desenvolverem o hábito de se autoconhecerem, como se fosse irrelevante, mas é a melhor forma de nos compreendermos para mudarmos o que está dando errado. A comunicação trava quando lidamos com alguém que se julga o "dono da verdade", como também conversar com quem não fala, não expressa nenhuma opinião, como se nada importasse. Portanto, os dois extremos são ruins para o êxito na vida e na carreira, por isso é preciso se autocompreender para ter as respostas do que precisa ser modificado.

# Quando falamos em comunicação, não podemos ter nenhum tipo de distinção, ou seja, não me comunico com tal pessoa porque ele não sabe nada ou porque sabe muito mais do que eu. Este tipo de barreira impede demais o desenvolvimento do diálogo, precisamos romper barreiras como estas, porque sempre teremos alguém que saberá algo que não sabemos e também teremos algum conhecimento que o outro não tenha, somos complementos, aprendendo sempre uns com os outros. Portanto, independentemente da

sua profissão ou posição na carreira, todos terão conhecimentos sobre algo e ao mesmo tempo não saberão tudo; por esta razão, tente conversar com qualquer pessoa, com o objetivo de aproximarmos as pessoas e construirmos um clima organizacional mais agradável e com melhores resultados.

# Já abordamos sobre o respeito, sem ele, a comunicação fica impossível de acontecer. É preciso mostrarmos tolerância em relação à opinião do outro, por mais que seja oposta à nossa, não somos iguais e nunca seremos em relação aos nossos pensamentos e atitudes, demonstrar maturidade no nosso comportamento é de grande relevância para o sucesso do trabalho individual e do sucesso coletivo.

# Confie em você, não basta o outro confiar, para transmitir uma imagem segura por meio da comunicação, é preciso acreditar em quem você é, com suas forças e limitações, quando entendemos que ninguém é melhor ou pior, que cada um tem suas próprias batalhas, seus dias bons e ruins, a autoconfiança começa acontecer e fazer parte das nossas atitudes.

# Busque por capacitações, procure aprender, a se desenvolver como pessoa e profissional. Ficar estagnada (o), só esperando a vida passar, pode ser uma grande perda de ótimas oportunidades em todos os sentidos. Para que sejamos mais seguros na nossa fala, postura vale aprender sobre diversos assuntos, ou seja, não se limite apenas a sua área de atuação, busque conhecer pessoas, interaja, permita-se fazer algo diferente, nada é perdido, tudo é aprendizado e oportunidade de evoluir; de repente, de onde menos se espera, novas "portas" se abrirão.

# Busque fazer o seu melhor, você não irá agradar a todo o mundo e nem todo mundo quer ver você bem, porém saiba filtrar quem opina sobre você, quem está próximo a você. Utilizar este filtro é fundamental para continuarmos fazendo a nossa parte sem tanta preocupação com o que o outro pensa ao nosso respeito. O outro tem direito de pensar o que quiser sobre nós, só não pode nos ofender verbalmente e muito menos fisicamente; no mais, é livre-arbítrio pensar o que quiser, só perceba até que ponto o que outro

pensa sobre você é relevante, se te acrescenta e o porquê desta preocupação sobre a opinião de terceiros. Portanto, vigie o que você pensa sobre si mesma (o), esta é a parte mais importante.

# Se estamos falando em filtrar a opinião que vem do outro, vou conseguir fazer este filtro com maior exatidão quando separar a audição da escuta. Saber ouvir e escutar são diferentes e devem ser praticados diariamente. Em um diálogo, este treino é essencial, para o nosso bem-estar. Quando você entende que o que vem do outro não é para você, não significa que está errado, apenas não serve para a sua vida, apenas ouça, utilize o seu sentido de audição, porém, delete, descarte. Mas se você compreender que é algo que acrescenta, que faz sentido para sua vida, escute, internalize, preste atenção, extraia o melhor do que você está escutando. Utilizando deste treino, você terá muitos benefícios na hora de transmitir e receber a mensagem.

# Para ter sucesso na comunicação, também é preciso respeitar as regras do ambiente em que está inserido. Cada um tem sua forma de se posicionar, mas veja se a sua forma cabe ao ambiente em que você está. Isto não tem nada a ver com preconceito e, sim, com bom senso. Preciso respeitar as regras do local, se eu não me adequo àquele tipo de comunicação, eu que tenho de me retirar e buscar um ambiente que está de acordo comigo, com a minha fala e com o meu perfil, isto tem a ver com maturidade comportamental.

# Adapte-se ao seu público, ou seja, entenda o perfil do público que está a sua frente, não adianta querer falar "difícil" demais, com termos muito técnicos, se quem está recebendo a mensagem não tem conhecimento sobre o assunto, isto também significa respeito ao próximo. A minha linguagem precisa estar alinhada ao que o público conhece. Um exemplo simples que sempre menciono nas minhas palestras: um médico falando com um paciente, o diálogo precisa ser claro, com palavras que o paciente possa compreender. Já um médico ministrando uma palestra em um congresso para outros médicos, aí, sim, será possível um vocabulário mais técnico, portanto, cuidado na hora de levar a mensagem, às vezes o querer mostrar que sabe muito pode

ser um desastre, dependendo do público com quem quero me comunicar.

# Utilize exemplos, atinja as pessoas com a sua própria história, por mais que a conversa seja formal, demonstrar exemplos do dia a dia aproxima as pessoas, cria novas conexões, momentos de segurança mútua. Não estou falando em assumirmos a responsabilidade do outro, mas mostrarmos na nossa mensagem que também somos humanos, que também temos questões diárias a serem resolvidas, isto gera uma maior aproximação e a comunicação torna-se mais natural.

# Solicite e dê *feedback*. Esteja sempre aberta (o) para receber um *feedback* e também ofereça um *feedback* construtivo e respeitoso para as pessoas. O *feedback* ajuda a melhorar a comunicação, detectando as áreas de melhoria e o que está de acordo, principalmente quando falamos de organização. Porém ainda temos uma grande falha em relação ao *feedback*, as pessoas não dão retorno; se dão, muitas vezes não sabem se conduzir de maneira clara, firme e gentil, causando ainda mais danos nas relações interpessoais. Acredito que o *feedback* precisa ser mais bem discutido e inserido nas instituições, independentemente do segmento.

# Observe os fatos, os diálogos sem julgamento, busque entender o que está acontecendo e quem está falando. No entanto, cuidado com o julgamento, ele pode confundir as nossas emoções, proporcionando situações controversas para o emissor e receptor da mensagem.

# Valores, crenças, experiências moldam os nossos sentimentos, portanto, olhe para estes sentimentos e também tente compreender os sentimentos que vêm do outro, é por meio desta nossa história intrínseca que virá a nossa mensagem. Lembra quando falamos que a nossa vida social, familiar, emocional, espiritual interfere muito na forma como pensamos, nas nossas opiniões? Então, preciso administrar o que sinto e como transmitirei ao outro e também tentar administrar o que vem do outro, não no sentido de modificá-lo, isto é impossível, mas no sentido de lidarmos com os sentimentos que vêm das outras pessoas, isto também está relacionado com a

inteligência emocional.

# Demonstre bom humor. Mesmo falando sério e abordando um assunto formal, é ruim estar com pessoas muito mal-humoradas, transmita a mensagem com leveza e espontaneidade, qualquer assunto pode ser transmitido com uma expressão fácil e corporal com um pouco mais de leveza.

# Reduza os graus de estresse e ansiedade. Todos nós estamos passando por momentos de estresse, vivemos em cidades grandes e populosas, com os problemas comuns, como trânsito, agitação, tempo, entre tantas outras questões, é difícil realmente reduzirmos esta ansiedade do dia a dia, como se tudo fosse para ontem e como se não tivéssemos tempo para mais nada. Entretanto, se não mudarmos a nossa conduta imediatamente, não conseguiremos interagir com mais ninguém, porque todo mundo anda agitado e, o pior, desenvolveremos uma doença psíquica e crônica. Portanto, é preciso buscar a mudança dentro de nós, para melhorarmos a forma de interagir conosco e com o outro.

# Não se esqueça de que para tudo a comunicação se faz necessária, mesmo que você não queira ou ainda ache irrelevante falar e aprender sobre, como, por exemplo, na apresentação de projetos profissionais, nas entrevistas de emprego (presencial ou *on-line*), a sua fala e expressões serão necessárias, na apresentação de trabalhos acadêmicos ou de qualquer outro curso (livre, profissionalizante), em reuniões de trabalho, nas negociações com clientes, na venda dos seus serviços, na mediação de conflitos, para conhecer novas pessoas ou até mesmo para melhorar as relações pessoais, enfim, não temos como escapar, portanto, perceba a importância da comunicação e quanto ela pode beneficiar a sua vida. Mude a frequência dos seus pensamentos, não diga imediatamente não consigo, você tentou primeiro? Você buscou recursos para melhorar? Se tudo você rotular como difícil, como obstáculo, dificilmente irá se relacionar e, o pior, não sairá do lugar.

# Alguém tem de ceder em um diálogo mais difícil, ou seja, em que os ânimos poderão estar alterados, dê você o primeiro passo e silencie, nunca

será sinal de covardia e, sim, de sabedoria, não tente mudar o outro, mude a si mesma (o) para aprender a lidar com o outro; a mudança precisa ser intrínseca, não mudaremos as pessoas, exceto se elas quiserem mudar, então você precisa ser a mudança para a construção de uma comunicação mais clara, coerente, de credibilidade, de confiança e, principalmente, não violenta.

# Não é preciso brigar, impor opiniões, mencionar a sua verdade como absoluta. É preciso agir com pequenos gestos diários, pois são nas atitudes reais, autênticas e verdadeiramente respeitosas, que veremos mudança e crescimento na nossa forma de comunicar!

# 18 O Julgamento: O Difícil Comportamento do Ser Humano

*"Em vez de vivermos de julgamentos e críticas, devemos ousar, aparecer e deixar que nos vejam. Isso é a coragem de ser imperfeito. Isso é viver com ousadia. Estamos aqui para criar vínculos com as pessoas. Amor e aceitação são necessidades irredutíveis de todas as pessoas."*

*Brené Brown*

Como mencionado infinitas vezes, não sou perfeita e nunca serei. Contudo, é impossível não perceber e deixar de ficar perplexa com o julgamento da sociedade, em face das notícias diárias nas mídias de qualquer segmento.

Quando criticamos ou julgamos alguém, sem ao menos conhecer verdadeiramente a sua história, e mesmo que conhecêssemos, não teríamos o direito de julgar, como poderemos, então, falar em empatia? Concorda que é bem desconexo? Como eu posso julgar alguém, se falo constantemente em se colocar no lugar do outro? Claro que não é se colocar no lugar, pois nunca viveremos o papel do outro, mas, minimamente, respeitar o que o outro está vivenciando, até porque não saberíamos como reagir se estivéssemos nesta vivência que o outro está, não é mesmo?

Então, eu me pergunto às vezes: como construir uma comunicação de excelência, se as pessoas cuidam dos "erros" dos outros e não cuidam dos seus próprios?

Como você "pune" o outro, se você não quer enxergar as suas falhas, onde estão os seus erros? Como você fica tão revoltada (o) com os defeitos de alguém, com quem muitas vezes você nem convive e se sente injustiçada (o) quando vem outra pessoa e aponta os seus defeitos? Percebe que são dois pesos e duas medidas? Ah, eu posso apontar o defeito de todo mundo, eu posso tentar consertar o outro, mas este outro não pode falar nada a meu respeito.

Então, como conviver, se verdadeiramente não me coloco como exemplo? Se eu cuido da minha vida, respeito o próximo, não julgo ninguém, até porque também sou imperfeita e sigo tentando melhorar a minha própria existência, aí, sim, terei o direito de querer ser tratada da mesma forma. Porém, se for o contrário, fica difícil exigir algo que eu também não faço.

Infelizmente, vivemos o tempo todo sendo julgados, é uma pena, pois, a meu ver, as pessoas perdem muito tempo em função dos outros e se esquecem de si mesmas, eu diria até que é inadmissível o julgamento, pois cada pessoa vê o mundo a partir da sua história, da sua óptica, mas como mudar?

Com as redes sociais, o julgamento se intensificou de uma forma desproporcional e até mesmo perigosa, causando até o óbito de algumas pessoas. Se não estivermos muito bem preparadas (os) para receber certos julgamentos, pois não acredito que irá terminar, poderemos acabar com a nossa saúde mental e, muitas vezes, com o prazer de nos comunicarmos e interagirmos com as pessoas que nos acrescentam.

Por que o julgamento acontece tanto a nossa volta? Por que virou algo na nossa rotina pessoal e profissional? O que nos leva a criticar ou a julgar alguém que convive conosco? Por que continuamos a desenvolver um comportamento maléfico?

Acredito sinceramente e também vivencio diariamente esta premissa de que se lembrarmos que cada um de nós somos finitos nesta jornada, com experiências e vivências individuais, sejam elas positivas ou negativas, que são experiências importantes para a construção de quem fomos, somos e ainda seremos, com certeza começaremos a perceber o quanto o julgamento é desnecessário e de nada acrescentará na nossa evolução. Na maioria das vezes, o julgamento é para apontar algo negativo do outro, como se fôssemos seres “perfeitos” e sem nenhum comportamento inadequado.

Pense que, quem julga excessivamente, pode ser aquele que possui crenças e pensamentos limitantes, julgando algo vindo dos seus próprios traumas, com intuito de fugir de si mesmo, pois, enquanto estou de "olho" no outro, estou esquecendo de lutar e cuidar de algo que pode estar "preso" dentro de mim.

Se não podemos impedir o julgamento do outro, até porque cada um faz da sua vida o que bem entender, o chamado livre-arbítrio, precisamos nos blindar dos julgamentos externos e fazermos a nossa parte, que é o não julgamento, pois sempre será sobre nós e não sobre o outro.

Entender que somos humanos e cometemos falhas o tempo todo, portanto, não cabe a nós julgarmos ou querermos que o outro siga o nosso entendimento de vida como se fôssemos uma criança mimada. Precisamos começar a ver o que faz sentido para nós e deixar que cada um seja responsável por seus pensamentos e atitudes.

Se consideramos alguém arrogante, agressivo na sua forma de se posicionar e pudermos nos afastar, será a decisão mais sábia, não adianta querer brigar com quem quer continuar agindo desta forma. Cada pessoa está "presa" a sua verdade e nada podemos fazer; o julgamento também em nada irá resolver, ao contrário, ficaremos irados por uma situação que continuará da mesma forma.

Sabe como você irá conviver e se comunicar melhor? Não se incomodando com o que o outro fala sobre você ou sobre as atitudes do outro. É difícil não se incomodar? Muito! Mas tudo na vida é possível, desde que estejamos dispostos a mudar, melhorar e fazer a nossa parte para atingirmos o verdadeiro bem-estar. Na internet, mais ainda, por que se incomodar com a fala de alguém que você nem conhece e que nem conhece você, a sua essência? É você que precisa rever o porquê de tanta preocupação.

Não saia opinando porque está todo mundo falando a mesma coisa, filtre, pense, seja crítico, não vá pelos outros, saiba interpretar, checar, nem tudo que é mostrado realmente é verídico.

Quando entendemos que não somos melhores e nem piores, que o SER é o que realmente prevalece, pois o ter é passageiro, começamos a nos comunicar com quem quer que seja; neste momento, a autenticidade acontece, seremos respeitosos, gentis, empáticos com todo ser humano, independentemente do seu "nível hierárquico".

Cuidado em expor a sua verdade como única e absoluta. Temos vários pontos de vista e cada um vai viver de acordo com o que acredita ser melhor para si.

Julgar não acrescenta; impor sua opinião, sem respeitar a opinião do outro, é uma grande necessidade de sabedoria, e quando as pessoas julgam rápido demais as outras e são "lentas" para corrigirem a si mesmas, percebemos o quanto a comunicação fica frágil, o quanto as relações ficam estremecidas e o quanto a sociedade é prejudicada por causa de certos comportamentos tão enraizados e difíceis de serem modificados.

Somos mais do que aparências, somos uma personalidade única, uma história, cada qual da sua forma. Julgue menos, se perceba mais, se conheça mais, comece a perceber com o que você está utilizando o seu tempo, que é tão precioso e passageiro.

Faça um teste, comece a passar uma semana sem julgar ninguém, corra atrás dos seus objetivos, de se comunicar melhor, por exemplo; inevitavelmente, você verá a sua vida se transformando gradativamente, em todos os âmbitos.

Se cada pessoa aprender a cuidar de si mesma, ficará mais fácil de convivermos e nos comunicarmos, construindo uma sociedade mais generosa, não perfeita, mas menos violenta e julgadora.

Dê ideias, proponha estratégias, mas não tente mudar ou impor nada ao outro, a comunicação de excelência requer também elegância, contribua para o seu crescimento e de quem está ao redor, com humildade, coerência, repense sua fala e suas relações com o exterior.

Afinal, estamos aqui para tentar evoluir e o não julgamento te deixa mais próximo da evolução humana, compreendendo mais a si e ao outro. Não é concordar, mas a importância de não "apontar o dedo".

E o que você tem feito para não julgar o outro? Como você expressa a sua opinião? Como você deixa o outro também se expressar?

Disso tudo que estamos vendo até aqui é o que fortalecerá o nosso nome e fará de nós pessoas mais seguras, confiáveis e sólidas na nossa comunicação!

# 19 Autorresponsabilidade Também Interfere na Comunicação

*"O ser humano pode fugir de tudo e de todos, mas nunca de sua própria consciência."*
*Augusto Cury*

Pessoas que terceirizam a culpa por tudo que ocorre em suas vidas, provavelmente, possuem problemas de autoconfiança, motivação para desenvolver suas ideias e também dificuldade de se expressar com segurança.

Para ter uma vida com maior autonomia, comprometimento e comunicação eficaz, também é preciso ser responsável por suas escolhas e atitudes.

O que vemos, com frequência, são pessoas culpando o outro por alguma falha no diálogo ou até em alguma tarefa, dificilmente vemos pessoas que assumem seus comportamentos; e como dizer que sei me posicionar, que disponho a minha imagem de forma assertiva, se não assumo o que falo ou faço?

A autorresponsabilidade está relacionada com a capacidade de assumir o controle de sua própria vida, é não transferir o que lhe acontece para ninguém. Quem tem este entendimento compreende que tudo que acontece está associado às próprias escolhas, que servirão de aprendizado.

Ser responsável pelo controle dos seus momentos, das suas experiências, precisa acontecer para um melhor convívio e, consequentemente, um facilitador da comunicação interpessoal.

Perceba que, para o sucesso das nossas ações, está praticamente tudo relacionado com as nossas ações e pensamentos.

É preciso avaliar o próprio comportamento, é entender como nos comportamos, principalmente quando estamos convivendo com outras pessoas. Pare, de vez em quando, e faça uma autoanálise de como age em relação aos acontecimentos do dia a dia. Você sempre se apresenta como "vítima", injustiçada (o), azarada (o), perseguida (o)?

Desta forma, é possível perceber se você transfere a culpa ao outro, se atribui a todo o momento a responsabilidade dos acontecimentos a terceiros. Claro que, em algum momento, o outro poderá ter responsabilidade sobre o ocorrido, mas, a todo instante, você sempre está correta (o), em relação a qualquer situação, sem ao menos uma autoavaliação?

Após ter humildade para compreender quais são os comportamentos adotados no seu dia a dia, é essencial que certos hábitos sejam substituídos por atitudes mais responsáveis e maduras.

Se sabemos como nos comportamos e o quanto este comportamento influencia negativamente a nossa comunicação, fica mais fácil assumir a responsabilidade que é nossa; para isso, precisamos estar sempre atentos a nossa forma de agir e interagir.

Quando se assume a responsabilidade pelas próprias ações, há uma grande mudança na postura diante de todos, diminuindo hábitos imaturos e promovendo relações mais saudáveis.

Pessoas com autorresponsabilidade compreendem a importância de desenvolver um diálogo gentil, tolerante. Cada pessoa, sendo responsável pelo que pensa e fala, a sua comunicação se tornará muito mais eficaz: todos os envolvidos serão responsáveis por suas mensagens. Quem desenvolve este comportamento consegue desenvolver formas positivas de se comunicar e fortalecer a relação com os colegas.

Quem assume sua jornada enxerga as situações diárias como oportunidade para aprender e crescer; automaticamente, se tornará uma pessoa mais empática, compreendendo que todos têm algo a ser melhorado e que não têm direito de transferir as próprias questões e/ou frustrações para outras pessoas.

Estamos imersos em uma cultura imediatista, na qual todos querem chegar a algum lugar, mas poucos estão interessados no processo, no percorrer do caminho, uma busca incessante pelo sucesso, bater metas, como se esta "alta *performance*" fosse a saída máxima para a felicidade. Aí teremos alguns paradigmas, pois do mesmo modo que tudo isso parece motivador e incentivador de uma vida próspera, temos um sinal de alerta: a cobrança excessiva em se alcançar resultados, sem poder errar. E como lidar com as frustrações se algo der errado, se eu não me sair como imaginei ou como o outro esperava de mim? Toda esta pressão gera um esgotamento físico e mental sem proporção, por isso, antes de tudo, precisamos reconhecer e valorizar alguns comportamentos e a autorresponsabilidade é um deles.

Sendo autorresponsável, é possível desenvolver um maior autocontrole sobre suas próprias emoções e sobre toda esta pressão que vivemos ao redor, compreendendo melhor que a mente também precisa de um tempo para relaxar e se conectar com outros prazeres.

É indispensável entendermos o que cabe a cada um de nós, de acordo com as nossas condições físicas, sociais, emocionais, financeiras.

Ser responsável pelos próprios limites é essencial, para não nos tornarmos reféns do que vem do outro. Quando me firmo verdadeiramente como protagonista da minha história, sendo responsável pelo meu bem-estar físico e emocional, percebo o quanto a autorresponsabilidade está relacionada com ter consciência sobre os impactos positivos e negativos dos nossos pensamentos, ações e da forma como transmitimos nossa mensagem.

Quando nos tornamos verdadeiramente autorresponsáveis, em vez de culpar o outro, nos tornamos mais fortalecidos, tomando decisões mais assertivas para a nossa vida pessoal e profissional.

A autonomia e autorresponsabilidade são individuais, portanto, a mudança só depende de nós e do que queremos para o meio em que estamos inseridos.

Uma pessoa de comunicação passiva, por exemplo, terá dificuldades em assumir as responsabilidades dos próprios atos, por isso a importância de compreendermos nossas ações para buscar formas de atingir a mudança.

Comece mudando os seus pensamentos, lembre-se de que os pensamentos são apenas seus, portanto, de sua única responsabilidade. Se o emprego é cansativo, sinto em dizer, mas não existe trabalho que não o seja em alguns momentos, como limpar a casa, fazer comida, uma caminhada, enfim, tudo vai ter um lado com dificuldades. No entanto, ser responsável por pensamentos mais saudáveis, por mais difícil que seja, é sempre desafiador, vale a pena criar um novo hábito para uma vida mais equilibrada e que possamos contribuir para relacionamentos mais saudáveis.

# 20 As Palavras são "Canais" de Vida

*"As oportunidades estão onde você está. Não adianta mudar de casa, de cidade, pois o problema vai junto. O segredo é mudar a percepção: mudando a percepção, você muda a realidade."*

*Lair Ribeiro*

As palavras têm o poder de construir ou destruir qualquer tipo de relacionamento, interferindo na nossa forma de pensar, na tomada de decisões, nas crenças, nas ideias e até mesmo nas nossas emoções; portanto, as palavras têm uma influência muito grande sobre nós.

Por isso, a importância de vigiarmos o que sai de nós e também o que chega para nós pelas palavras. Já vimos que a mudança intrínseca, por mais difícil que possa ser, ainda é uma mudança possível de acontecer. Já mudar o outro ou "controlar" a forma como ele transmite as palavras é impossível, então o que precisamos fazer é cuidar, lapidar e melhorar o que falamos, pois os outros falarão o que querem, da forma como querem, a não ser que desejem também mudar e melhorar a sua comunicação.

As palavras são ferramentas extremamente importantes da nossa comunicação, sendo capazes de proporcionar estímulos motivacionais a quem recebe, aproximar, decepcionar, magoar, afastar ou aproximar. Para que saiam da nossa boca, primeiramente recebemos um comando do cérebro, ou seja, tudo que pronunciamos vem de um pensamento em primeiro lugar, a questão é que às vezes este pensamento é tão imediato que nos arrependemos daquilo que falamos. Por isso, muitas pessoas falam "vigie seus pensamentos", porque por meio deles é que iremos falar e transmitir a nossa comunicação oral.

A grande questão é que palavras anunciadas de qualquer forma e sem qualquer tipo de preocupação podem causar danos irreversíveis para quem recebe, como grandes ofensas, rompimentos bruscos e mágoas que talvez nunca cicatrizem. Embora as palavras não sejam a única forma de comunicação, porém, é uma das formas que mais unem ou afastam os seres humanos.

Como não podemos mudar as palavras do outro, precisamos, como um estilo de sobrevivência mesmo, mudarmos a forma como recebemos as palavras que vêm de outras pessoas, pois somente assim será possível nos protegermos de sentimentos destrutivos.

Falo sempre que é impossível mudarmos as pessoas, mas temos dentro de nós a força necessária para mudar e saber lidar com as pessoas, principalmente com aquelas que ainda falam sem pensar.

Você já percebeu a enorme quantidade de palavras negativas que muitas pessoas trazem em sua comunicação? Palavras desanimadoras, desmotivadoras, palavras que interrompem, inevitavelmente, o desenrolar da comunicação; e se você não se proteger destas palavras, quando for avaliar, estará igualmente negativo, pessimista e achando que nada está bom ou que você mesma (o) não é capaz de realizar algo.

Em contrapartida, palavras também podem transmitir ânimo, fortalecer a nossa autoestima e proporcionar muito otimismo, o que não podemos fazer é ficar dependendo das palavras que vêm do outro e, sim, buscar por este comportamento mais motivado dentro de nós mesmos.

Isto é uma história real que aconteceu comigo há pouco mais de um mês. A princípio, fiquei perplexa com a audácia da pessoa que falou comigo, pois como já mencionei anteriormente, eu tomo muito cuidado com o que falo para os outros, porém, não posso exigir que todo mundo aja como eu, então é preciso lidar com estas pessoas com sabedoria e ainda extrair um bom aprendizado de tudo que acontece, senão acabamos nos afastando delas e o grande aprendizado está em lidar com pessoas difíceis e sem "filtro" para falar, aí estará a grande lição. Enfim, continuando esta passagem, fui a um evento de empreendedorismo e um dos participantes (que eu nunca tinha visto na vida) perguntou qual era meu ramo de atuação, mencionei que era autônomo e CLT, pois eu amava o que fazia e ele, sem me conhecer, falou que a minha conversa era de gente "pobre". Confesso que, na hora, como qualquer ser humano, fiquei chocada com uma observação, a meu ver, tão distorcida, pois, mesmo que, segundo ele, "amar" o que se faz, é "coisa de pobre", eu não pedi opinião, ele não sabe nada sobre minha vida pessoal, profissional e muito menos financeira, portanto, que palavras "jogadas" ao vento foram estas?

Aonde quero chegar? Que muitas pessoas "morrem" pela boca, ou seja, falam sem pensar primeiro, se intrometem naquilo que não foram chamados e expõem a sua verdade como única e absoluta. O que eu fiz? Simplesmente nada, primeiro porque não o conheço, segundo porque ele não pertence ao meu círculo de conhecidos ou de ambiente profissional, não vou "gastar" a minha energia, daquilo que conheço em mim, para desperdiçar com alguém que, claramente, estava opinando na vida de todos, sem filtro e sem o menor preparo de como ter uma comunicação assertiva.

Perceba que, no decorrer da vida, encontraremos muitas pessoas com palavras incríveis e que irão nos acrescentar demais (geralmente pessoas que você menos espera), mas também iremos receber palavras totalmente descabidas, intrometidas e, o pior, de quem não sabe nada da nossa trajetória. Você vai brigar, xingar, perder a razão? Espero sinceramente que a sua resposta seja não. Pense primeiro para depois falar ou até mesmo deixar de falar. O pensamento é um grande aliado para evitarmos muitos conflitos e ainda preservarmos o que há de mais importante: a nossa saúde mental.

Palavras ditas sem pensar ou até mesmo com um "toque" de maldade acontecem em várias situações. Acho até engraçado quando pessoas começam a falar mal dos profissionais de *coaching*, por exemplo, eu mesma fiz algumas formações nesta área e achei formidável a forma como aprendemos a treinar a nossa mente, a meu ver, o treino mais importante e também o mais difícil. O que acontece é que as pessoas não conseguem perceber que o problema não está na profissão *coach* e, sim, em alguns profissionais que se utilizam da profissão para praticarem certas condutas que não são éticas. Existem profissionais de todas as áreas que se utilizam de suas formações profissionais para enganarem as pessoas; isto nada tem a ver com a profissão, e, sim, com o caráter de cada um. Muitas pessoas ainda querem falar mal das profissões, trazendo palavras negativas e até mesmo tentando desmerecer as formações.

Trago exemplos reais aqui, para que você perceba que todos, sem exceção, conhecem pessoas que falam palavras motivadoras e pessoas que falam palavras negativas; a grande diferença estará na forma como receberemos estas palavras. Teremos duas opções: ficarmos nervosos e agitados ou parar, pensar e ver se vale a pena falar algo ou não.

Confesso que, ultimamente, estou ficando com a segunda opção, principalmente com pessoas que não são do meu convívio mais próximo e que eu não precisarei de muito contato, ouço tudo (lembra-se do filtro entre ouvir e escutar?) e depois sigo em frente, pois são pessoas que não conseguem pensar para falar e não vale a pena o nosso desgaste. Reflita sobre isto!

Se a nossa mente tem poder e precisamos dela para nos protegermos do que chega até nós, então precisamos, sim, treiná-la, não é um treino fácil, até porque cada pessoa está em um grau de entendimento, portanto, estaremos cada um com seus pensamentos e lutas internas. Mesmo assim, temos como conseguir, é preciso não desistir, pois desistindo ficará muito mais fácil de nos influenciarmos com palavras negativas e desestimulantes.

Precisamos ter autoconhecimento, isto é fato, já abordamos sobre este assunto, sem entender quem somos, nos tornamos pessoas inseguras e facilmente manipuladas. Depois é preciso ter autoconsciência, ou seja, entender sobre nossos pensamentos, o porquê de estarmos pensando algo e da forma como pensamos, entender de onde surgiram estes pensamentos, será que são pensamentos verdadeiramente nossos ou surgiram de alguém e nos deixamos influenciar. Praticar a autorreflexão é fundamental para compreender a forma como estamos falando com as pessoas, como são as minhas palavras, como é o tom destas palavras. Refletir sobre si mesma (o) é um exercício importantíssimo, muitas pessoas preferem se esconder deste exercício, mas ele nos proporciona grandes respostas e também mudanças benéficas na nossa vida, em todos os sentidos. Praticar a gratidão também é um grande exercício, quando vemos tudo que conquistamos, quando somos mais gentis conosco, começamos a falar palavras de maior otimismo, de maior compreensão, a gratidão melhora e, muito, o que sai de nós.

E sempre pense que, se não chegarem palavras positivas até você, mas irão chegar, creia nisso; se não chegar na quantidade que você acreditava ou gostaria, não se esqueça de pensar nestas palavras e inserir na sua vida, assim você conseguirá expandir sua mente para um caminho de maior bem-estar e ainda poderá proporcionar estes ambientes agradáveis para quem chega até você por meio de palavras que somam, que acrescentam e que incentivam as pessoas a buscarem o seu melhor.

Palavras como: eu posso, sou capaz, consigo, realizo, acredito em mim, sou merecedora (o), confio em mim; se algo der errado, vou ver o que aconteceu e mudar a rota.

Enfim, as palavras podem beneficiar ou prejudicar, mas quem irá decidir o que irá fazer com as palavras que chegam até você é VOCÊ! Não existe outra pessoa, portanto, vigie, treine, leia este livro, tantos outros na área da comunicação, do comportamento e pratique, interprete, internalize, antes de sair reclamando, tente, faça algo. Todo mundo passa por problemas de comunicação, de relacionamento, mágoas, decepções, ninguém está livre disso, então não se coloque como a (o) única (o) injustiçada (o) na vida, você não conhece a história de vida do outro, talvez o outro esteja passando por dificuldades muito maiores, mesmo assim, não dá o direito de sermos "grosseiros" com as nossas palavras, reflita!

# 21 Conclusão

*"É muito importante o quanto nos conhecemos e compreendemos, mas existe algo que é ainda mais essencial para uma vida integral e plena: amar a nós mesmos."*

*Brené Brown*

Este livro foi pensado e construído com o objetivo principal de contribuir para uma comunicação, em qualquer situação, um pouco mais leve, eficaz, gentil, respeitosa e, verdadeiramente, autêntica.

Apesar de vivermos "tempos difíceis", principalmente sobre os desdobramentos das relações interpessoais, a impaciência e intolerância no momento de transmitir uma mensagem ou até mesmo de tentar compreender o que chega até nós; e, ainda, apesar de todas as dificuldades nas formas de comunicar, tanto no âmbito pessoal quanto profissional, se fizermos a nossa parte, em pequenos gestos, pequenos aprendizados, no dia a dia, é possível, sim, melhorarmos a nossa comunicação, quer seja no digital como no presencial.

É preciso, mais do que nunca, pararmos de julgar o outro, de ficar literalmente "apontando" o dedo para as outras pessoas e começarmos a olhar para as nossas ações, aprendermos diariamente a sermos um pouco melhores na nossa maneira de interagir, jamais sermos melhores do que ninguém, mas, sim, melhores nas nossas atitudes e, inevitavelmente, teremos uma vida de maior prosperidade, de maior segurança em relação ao nosso posicionamento diante de todos.

Neste livro abordamos, com exemplos do nosso cotidiano, que a comunicação é uma das competências mais necessárias e indispensáveis para qualquer ser humano, portanto, independentemente da área de atuação, se é pela tecnologia ou não, esta competência se faz presente e cada dia mais as empresas buscam por profissionais que vão além do digital, para pensarem sobre suas palavras, a maneira de lidar consigo, com o outro e isto é cada vez mais exigido em qualquer carreira.

Como docente de educação profissional, nas minhas palestras e atendimentos na área comportamental, vejo constantemente as pessoas comentando que não precisam falar bem, que não estão se formando para serem palestrantes e que, em suas áreas de formação, não precisarão se comunicar detalhadamente com ninguém. Talvez por pensamentos assim, é que estejamos tão carentes de profissionais que chamamos de mais qualificados, ou seja, profissionais que vão muito além do saber fazer, pessoas que realmente compreendem que, para serem pessoas mais talentosas e engajadas, precisam desenvolver outras competências, competências estas que irão proporcionar um diferencial na trajetória profissional dos seres humanos e, com certeza, a comunicação é, e será, um destes grandes diferenciais.

Como tudo na vida, não existem estes tais milagres que as mídias tanto garantem, como, por exemplo: façam um curso de oratória de dois dias e já saiam falando superbem ou comprem tal curso e/ou livro que sua vida mudará para sempre, quem dera fosse tão simples assim. A vida não é para os imediatistas, para quem quer tudo rapidamente ou para quem quer o resultado, mas não quer percorrer o processo, infelizmente estas pessoas ficarão muito frustradas porque não é assim que a vida "real" funciona.

A vida "real" é feita de muito esforço, comprometimento e vontade de mudar, o principal: coragem para querer mudar. Mudança dá trabalho, aprender dá trabalho, ser responsável pela própria vida dá muito trabalho e é neste momento que fica mais cômodo permanecermos no mesmo lugar, vendo a vida passar e de "olho" na vida do outro.

Com a comunicação não é diferente, vimos neste livro diferentes dicas de como começarmos a construir uma comunicação de excelência e que realmente não é um bicho de sete cabeças, desde que seja para pessoas que querem treinar, que entendem que nem este livro nem nenhuma estratégia na vida dará certo, se a própria pessoa não percorrer a sua jornada, a sua luta, a sua mudança interior.

Tenho tentado "quebrar" estes paradigmas em todo trabalho que realizo, para mostrar que comigo não haverá promessas milagrosas, não te ensino a ficar rico, a ser famoso ou a ter sucesso, são processos que deverão ser batalhados individualmente. O que mostro, diariamente, inclusive por meio deste livro, é que, com garra, comprometimento, autenticidade, autoconfiança, respeito pelo próximo e pelos nossos valores (por isso a importância do autoconhecimento), é possível conquistarmos uma postura mais assertiva, mais firme, mais real e humanizada, com pontos fortes e pontos a serem melhorados, como qualquer ser humano, sem exceção. Quando pensamos, refletimos, não nos deixamos influenciar e vemos tudo com um "olhar" argumentativo, não julgador, são posturas diferentes, com um "olhar" de questionamento sobre se determinada situação ou fala de alguém serve para nós, é neste momento que nos tornamos verdadeiramente autônomos e donos da nossa história. Esta postura mais autoconfiante nos permite também desenvolver uma comunicação mais "real", sem amarras, sem medos, não terei receios de conversar com quem quer que seja, que posso falhar e vou falhar, lembra, não existe perfeição? Mas que estarei inteira (o) comigo, terei flexibilidade para aceitar e até mesmo seguir algo que venha de outra pessoa, mas, antes disso, estou comprometida (o) com os meus valores e, desta forma, estarei segura (o) para me posicionar, para fazer escolhas, para falar, interagir, sempre com educação, respeito pela minha história e história das outras pessoas.

Encerramos *Comunicação de excelência não é um bicho-de-sete-cabeças* afirmando que falar com maior autonomia, autorresponsabilidade, autenticidade e autoconhecimento será um grande passo para a construção de uma vida e carreira com maior autoconfiança e autoestima. Tente esquecer os julgadores, eles ainda não entenderam que o "julgar" não acrescenta. Você, que quer se comunicar e aprender a evoluir a cada dia, leia mais, treine, interaja com as pessoas, conheça a si mesma (o), cuide do que sai de você e como lidará com o que chega até você. Essas atitudes lhe trarão aprendizado, muito crescimento pessoal e profissional!

Boa sorte e comunique-se, você irá se surpreender!!!

*"Quanto mais comunicamos o bem, mais abundante ele se torna."*
*John Milton*

# Referências


ALMEIDA, Marco. O impacto da comunicação e a tecnologia na sociedade. 31 mar. 2023. **LinkedIn**. Disponível em: https://pt.linkedin.com/pulse/o-impacto-da-comunicação-e-tecnologia-na-sociedade-marco-almeida. Acesso em: 28 mar. 2024.

AS PRINCIPAIS BARREIRAS À COMUNICAÇÃO EFICAZ E COMO RESOLVÊ-LAS. 27 jun. 2020. **Catenaconsultoria.com.br**. Disponível em: https://www.catenaconsultoria.com.br/post/as-principais-barreiras-à-comunicação-eficaz-e-como-resolvê-las. Acesso em: 28 mar. 2024.

BROWN, Brené. **A coragem de ser imperfeito**. Rio de Janeiro: Sextante, 2016.

ESPESSOTTE, Érica. Comunicando. *In*: **Protagonista**. Brasília: Saphi, 2022. p.167-172.

FELIPE NETO. Sobre motivação, comunicação e engajamento. 30 set. 2019. **Processor.com.br**. Disponível em: https://www.processor.com.br/sobre-motivacao-comunicacao-e-engajamento. Acesso em: 28 mar. 2024.

FGV – Fundação Getúlio Vargas. São Caetano do Sul – SP: Negociação e Administração de Conflitos, 2017.

FGV – Fundação Getúlio Vargas. São Caetano do Sul – SP: Aprendizagem e Desenvolvimento de Pessoas, 2017.

GUERRA, Arthur. Autorresponsabilidade é peça fundamental na saúde mental. 28 nov. 2023. **Jornalempresasenegocios.com.br**. Disponível em: https://jornalempresasenegocios.com.br/especial/autorresponsabilidade-e-peca-fundamental-na-saude-mental/. Acesso em: 28 mar. 2024.

MARQUES, José Roberto. Conheça as principais barreiras da comunicação empresarial e como superá-las. 10 set. 2019. **Ibccoaching.com.br**. Disponível em: https://www.ibccoaching.com.br/portal/conheca-as-principais-

-barreiras-da-comunicacao-empresarial-e-como-supera-las/. Acesso em: 28 mar. 2024.

MOREIRA, Esdras. Novas tecnologias de comunicação e o futuro das nossas relações. 5 mar. 2018. **Transformacaodigital.com**. Disponível em: https://transformacaodigital.com/tecnologia/novas-tecnologias-de-comunicacao-e-o-futuro-das-nossas-relacoes/. Acesso em: 28 mar. 2024.

QUAL É O PAPEL DO AUTOCONHECIMENTO NA COMUNICAÇÃO? 1 mar. 2023. **Clubedafala.com.br**. Disponível em: https://www.clubedafala.com.br/blog/qual-e-o-papel-do-autoconhecimento-na-comunicacao/. Acesso em: 28 mar. 2024.

RAMOS, Natália. Diversidade cultural, educação e comunicação intercultural - políticas e estratégias de promoção do diálogo intercultural. **Revista Educação em Questão**, 2009.

RUGGIERO, Alberto Pirró. Qualidade da comunicação interna. 8 out. 2002. Disponível em: http://www.rh.com.br. Acesso em: 18 mar. 2024.

RUÍDOS DE COMUNICAÇÃO: O QUE É [*SIC*] E QUAIS SÃO OS PREJUÍZOS PARA SUA EMPRESA? 2 abr. 2018. **Conteudoinboundmarketing.com.br**. Disponível em: https://www.conteudoinboundmarketing.com.br/ruidos-de-comunicacao/. Acesso em: 28 mar. 2024.

WAJNTRAUB, Shana. De passivo a agressivo: qual o estilo predominante da sua comunicação? 29 jul. 2022. **Administradores.com.br**. Disponível em: https://administradores.com.br/artigos/de-passivo-a-agressivo qual-o-estilo-predominante-da-sua-comunicacao. Acesso em: 28 mar. 2024.

Impressão e acabamento
Gráfica da Editora Ciência Moderna Ltda.
Tel: (21) 2201-6662